DAS VORSTELLUNGSGESPRÄCH

Lerne alles Wichtige rund ums perfekte
Vorstellungsgespräch und überzeuge
deinen neuen Arbeitgeber

Inhaltsverzeichnis

Einleitung

Vorwort

Vor wenigen Wochen hast Du Dich für einen Job beworben, der ganz Deinen Erwartungen entspricht und von dem Du glaubst, dass er Dich ausfüllt und Deinem Charakter und Deinen Fähigkeiten am nächsten kommt. Du hast ungeduldig auf eine Antwort gewartet und hast Dich unzählige Male gefragt, ob Deine Bewerbung den Ansprüchen gerecht wird? Heute weißt Du es, ja, sie tut es! Du wurdest verständigt und zu einem Vorstellungsgespräch eingeladen.

Auftakt! Mut, sich einer neuen Aufgabe zu stellen! Mut zur Veränderung!

Schlage ein neues Kapitel in Deinem Leben auf, das Deinen beruflichen Werdegang umkrempelt oder Dich vielleicht weiterkommen lässt. Das Streben nach mehr und dem beruflichen Aufstieg steckt in jedem von uns. Du hast es nun in der Hand, mache etwas daraus!

Denn in jedem von uns schlummert der Wunsch nach Sicherheit und nichts gibt mehr Sicherheit als ein krisensicherer Job. Auch der Drang nach Veränderung ist in uns gegeben, von Anfang an. Bereits Kinder wollen große Entdecker sein. Sie sind neugierig auf jeden Winkel dieser Welt. Sie wollen alles wissen und verstehen lernen, Neues besser kennenlernen. Und diese Neugierde haben wir auch als Erwachsene nicht abgelegt. Als Kind hast Du Deiner Neugierde sorgenlos nachgegeben, ist doch so? Denn bis zum 20. Lebensjahr ist jeder Mensch offen für Neues. Das belegen eindeutige Forschungsarbeiten.

Mit zunehmendem Alter kommt auch der Faktor Verantwortung. Schließlich will jeder mit beiden Beinen fest im Leben stehen. Das

Sicherheitsdenken breitet sich aus. Es gibt vielleicht bereits einen Job, mit dem Du mehr oder weniger zufrieden bist, und eine Familie, die Deinen Schutz benötigt. So erleben viele in der Arbeitswelt ihre Monotonie. Ihre täglichen Gewohnheiten, die mit Langeweile einhergehen. Nur weil das Risiko zur Veränderung vielleicht noch nicht gegeben ist. Gut – dass Du Deine innere Einstellung wachgerüttelt und nun doch eine Bewerbung zu Papier gebracht hast. Eine Bewerbung, die vielleicht Dein zukünftiges Leben gehörig auf den Kopf stellen wird. Denn Veränderungen im Job sind oft unvermeidbar. Manchmal geschehen sie freiwillig, manchmal muss man sich seinem Schicksal fügen und ungewollt nach einem neuen Job Ausschau halten.

Stell Dich der Herausforderung

Eine neue Herausforderung, die Deinen Alltag beeinflusst, ja, so könnte man es nennen – das Vorstellungsgespräch, welches nun auf Dich zukommt. Eines muss Dir klar sein: Solltest Du den Job erhalten, für den Du Dich beworben hast, so wird sich alles um Dich herum verändern. Vieles wird ganz unbemerkt geschehen und manche Veränderungen werden zu Beginn vielleicht ein leichtes Unbehagen auslösen. Alles ist möglich. Du wirst Dich in Deinem neuen Job vielleicht neu kleiden. Wirst vielleicht eine neue Frisur tragen, weil Dir danach ist. Du wirst in einem anderen Restaurant Deinen Mittagslunch einnehmen. Du wirst mit neuen Kollegen Bekanntschaft schließen. Manche werden Dir ans Herz wachsen, anderen wiederum gehst Du lieber aus dem Weg. Denn schließlich bringt jede Veränderung und jeder Jobwechsel nicht nur positive Seiten mit sich. Aber es gibt keinen Grund dazu, sich die Zukunft schwarz auszumalen, noch bevor Du den Jobwechsel angetreten hast. Sieh es so: Jedes Ende ist ein neuer Anfang und damit Dein Anfang im Job nun positiv verläuft, bedarf es eines spannenden Vorstellungsgesprächs, auf das Du Dich schon freuen darfst, weil Du neue Menschen kennenlernst, vielleicht sogar Deinen neuen Chef, ansonsten den Personalchef oder den neuen Vorgesetzten. Du kannst Dir die bestmögliche Selbstdarstellung ausdenken, Dich in Szene setzen, endlich betonen, für was Dein Herz schlägt und auf welchen Gebieten Du einfach unschlagbar bist. Wichtig ist dabei, dass Du bei der Wahrheit bleibst und nicht zu Übertreibungen neigst. So ergeben sich die besten Chancen für Dich. Du solltest positiv an Dein Vorstellungsgespräch rangehen, solltest dabei aber immer auch bei der Realität bleiben. Denn manche erwarten zu viel von ihrer beruflichen Veränderung und verfallen in das False-Hope-Syndrom. Dieses Syndrom sorgt dafür, dass Du falsche Hoffnungen hegst und Deine Ziele vielleicht viel zu hochsteckst. Denn dieses Vorstellungsgespräch ist für Deinen beruflichen Werdegang unheimlich wichtig, aber erwarte nicht zu viel. Gehe dennoch entspannt und frohen Mutes an das erste Kennenlernen mit dem neuen Arbeitsumfeld und den neuen Persönlichkeiten heran. Wenn Du Dir Deine Ziele nicht so hochsteckst, kommt es nicht zur Überlastung und Du kannst kleine Erfolge ebenso feiern und bleibst ständig am Ball. Ok! Du willst Dich aktiv verändern und Du möchtest diesen Job. Dann vertraue auf Deinen Mut, auf Dein gesundes Selbstbewusstsein. Habe Zuversicht, sei neugierig, auf das, was nun auf dich zukommt und beherzige die Tipps, die Dir dieses E-Book mit auf Deinen Weg gibt. Denn diese Tipps machen es Dir erheblich leichter, an Dein Ziel bzw. an den gewünschten Job zu kommen.

Wichtig ist bei den Vorbereitungen auf Dein Vorstellungsgespräch, dass Du Dich nicht verlierst und mit Kleinigkeiten aufhältst, die Dich nicht weiterbringen. Du weißt schließlich selbst am besten, wer Du bist und was Du von Deiner neuen Arbeit erwartest. Denn nur wer sich selbst kennt, kann sich verändern, sich immer weiterentwickeln und dabei der eigenen Persönlichkeit treu bleiben.

Willst Du den neuen Job?

Willst Du den neuen Job? Das solltest Du Dich im Vorfeld fragen: Wer bin ich eigentlich? Will ich diese neue Aufgabe wirklich? Passt die berufliche Veränderung zu mir und meinem Lebenskonzept? Bin ich mit diesem Job auch langfristig gesehen glücklich und zufrieden? Bei einem Jobwechsel ist es nicht wichtig, dass Du auf andere hörst. Wer nur auf andere hört, der kann seine Wunschvorstellungen und Visionen nie wahr werden lassen. Freunde und Familie können nur unterstützend beistehen und inspirieren. Sie können uns nur den richtigen Weg aufzeigen. Gehen musst Du diesen Weg allein. Darum ist es wichtig, dass Du mit offenen Augen zu Deinem Vorstellungsgespräch erscheinst. Ebenso wichtig ist es, dass Deine Einstellung zu diesem Gespräch unvoreingenommen ist. Jeder von uns besitzt eine innere Stimme, der wir vertrauen. Einfach darauf vertrauen, was sie zu Dir sagt und bei der passenden Gelegenheit ein kleines oder größeres Risiko eingehen, darauf kommt es an. Nur so können wir uns auch selbst verändern und bleiben aufgeschlossen dem Unbekannten gegenüber. Nur wenn Du immer wieder etwas Neues dazulernst, kommst Du Dein Leben lang weiter. Darum schlage ein neues Kapitel in Deinem Leben auf und gestalte Dein Buch mit Spannung und Erfahrung.

Ob sich das neue Kapitel in Deinem Leben wirklich öffnet, wirst Du nach Deinem Vorstellungsgespräch erfahren, auf das Dich dieses E-Book vorbereiten soll. Denn wer träumt nicht davon, Teil eines Unternehmens zu sein, wo die Wertschätzung noch großgeschrieben wird und wo noch ein kollegialer Zusammenhalt gegeben ist. Eine Arbeit, die einen ausfüllt und die mit Freude verrichtet wird, weil es genau die Arbeit ist, die Du gut kannst. Der wichtige Stellenwert der Arbeit wird oft unterschätzt, obwohl wir einen Großteil unseres Lebens bei der Arbeit verbringen. Da das

Vorstellungsgespräch den Anstoß dazu gibt, ob Du nun den Job erhältst oder nicht, ist Dir dieses E-Book eine wichtige Stütze.

Es gibt in der Regel nur ein Vorstellungsgespräch – also nutze die Chance

Als erstes wirst Du Dir die Frage vielleicht schon gestellt haben: Warum ein Vorstellungsgespräch? Das Unternehmen muss nur einmal Deine Bewerbung lesen, da steht alles Schwarz auf Weiß und dennoch genügt es nicht?

Warum also das Vorstellungsgespräch?

Es ist ein erstes persönliches Kennenlernen. Denn selbst die vielversprechendste Bewerbung kann ein solches Kennenlernen nicht ersetzen. Nur in einem persönlichen Gespräch kann herausgefunden werden, ob die ausgewählte berufliche Richtung, die Du nun einschlagen möchtest, für Dich auch stimmig ist. Oft gestalten sich Realität und Praxis grundverschieden, deshalb ist ein Vorstellungsgespräch dazu da, Unklarheiten aus dem Weg zu räumen und einen klaren Blick auf das wirklich Wesentliche zu erhalten.

Der erste Eindruck zählt!

Wer zu einem Bewerbungsgespräch eingeladen ist, der konnte bereits einen positiven Eindruck anhand der persönlichen Unterlagen hinterlassen. Nun gilt es diesen positiven Eindruck zu verstärken, anhand des gegenseitigen Kennlernens. Dabei gilt es zu sagen, dass es in der Regel nur ein Vorstellungsgespräch gibt, sich aber jedes Gespräch anders gestaltet. Schwierig wird es für Dich, wenn die Unterhaltung ein unspektakuläres Frage-Antwort-Spiel wird, bei dem nur Du gefordert bist. Wichtig ist es, dass sich beim ersten Vorstellungsgespräch eine richtige Unterhaltung entwickelt. Darum mache nicht den Fehler und warte mit Deinen Fragen bis zum Ende des Vorstellungsgespräches. Es werden sich bestimmt immer wieder neue Gelegenheiten im Gespräch auftun, wo Du Dein Interesse am Unternehmen und deren Führung aufzeigen kannst.

Nur wenn Du Dich offen und mit großem Interesse zeigst, wirst Du auch das Interesse Deines Gegenübers bei dem Vorstellungsgespräch wecken. Mache Dir das folgende Motto zu Nutze: „Die Intelligenz eines Menschen beurteilt man anhand seiner Antworten."

Wer von sich aus keine Fragen stellt, der signalisiert damit, dass er nur wenig Interesse am Unternehmen zeigt und sich die persönliche Neugierde auf das neue Arbeitsfeld in Grenzen hält. Irgendwie kannst Du Dein Vorstellungsgespräch mit einem Date vergleichen. Du hast nur eine Chance beim Date zu punkten und Deine Persönlichkeit darzustellen. Ist Dein Gegenüber von Dir nicht überzeugt, wird es kein 2. Date geben und genauso ist es mit einem Bewerbungsgespräch.

Du bist bereits aufgeregt, wenn Du an Dein Vorstellungsgespräch denkst? Das ist völlig normal. Die meisten Personalchefs und Arbeitgeber haben dafür volles Verständnis.

Wie lange dauert ein Vorstellungsgespräch?

Meist nimmt eine solche Unterhaltung eine halbe Stunde bis eine Stunde in Anspruch. Nur in seltenen Fällen wird ein solches Gespräch mehr als 60 Minuten andauern. Wenn das Vorstellungsgespräch länger dauert, können folgende Gründe dafür verantwortlich sein: Deine Antworten waren zu ausführlich. Aber das muss keine negative Kehrseite haben. Es kann für Dich sprechen und Du kannst dadurch die Sympathie Deines Gegenübers gewinnen. Werde nur nicht zu ausschweifend und erzähle plötzlich von Gott und der Welt. Es ist immer wichtig, daran zu denken, dass es sich hierbei um ein rein berufliches Gespräch handelt, an das Du Dich halten solltest. Ein lockerer Umgangston bringt etwas Schwung in die Unterredung, dennoch solltest Du immer versuchen, bei dem angesprochenen Thema zu bleiben, ohne dass die Ausschweifungen zu groß werden. Auch Arbeitgeber und Personalchefs werden gerne ausführlicher in ihrem Gespräch. Versuche aber dennoch, dem Gespräch so gut es geht zu folgen und Dein Interesse vielleicht durch ein anerkennendes Nicken zu bekunden.

Zäh und kurz oder locker und unkonventionell?

Verläuft das Vorstellungsgespräch zäh und kurz – war es weniger vielversprechend. Gestaltet sich die Kommunikation aber locker und unkonventionell, kann es gut sein, dass Du der neue potentielle Kollege im Unternehmen wirst. Fast jedes Bewerbungsgespräch findet seinen Anfang im Smalltalk. Denn anhand des leichten und unbekümmerten Redens finden viele Personalchefs und zukünftige Arbeitgeber heraus, wie umgänglich Du wirklich bist. Auch wenn Du nicht der geborene Redner bist, die unbekümmerte Art des Redens – Small Talk – kann jeder. Small Talk greift nicht nach geistreichen Themen. Du unterhältst Dich über das Wetter. Das Wetter ist der Klassiker unter der Thematik. Auch die Umgebung des Unternehmens oder die Anreise könnte dafür als Thema genutzt werden, um einen sanften Einstieg in das Gespräch zu finden.

Small Talk – Die Kunst des ungezwungenen Gesprächs

Nutze diese Kunst für Dich. Damit kannst Du schon viele Pluspunkte für Dich sammeln. Denn hierbei handelt es sich um ein lockeres Gespräch, ohne tiefsinnigen Inhalt. Wie das Gespräch verläuft, ist sehr vielfältig und von der jeweiligen Situation abhängig. Der Small Talk ist beruflich sowie privat ein wichtiges Instrument, um in Kontakt zu treten. Er ist also ein Brückenschlag zu anderen Personen.

Aber was ist Smalltalk genau?

Small Talk ist an keine Anforderung geknüpft. Small Talk passt sich meist der jeweiligen Situation gekonnt an, dem Wetter, der Umgebung vor Ort, dem hohen Verkehrsaufkommen. Small Talk beschäftigt sich mit den unterschiedlichsten Themen. Es geschieht ganz ungezwungen. Eine lockere und unbeschwerte Plauderei, bei dem die Höflichkeit und das Taktgefühl Regie führen. Vor allem bei einem Vorstellungsgespräch.

Small Talk bietet den perfekten Einstieg auf das Wesentliche. Das mag für Dich jetzt vielleicht etwas oberflächlich klingen. Auch wenn Du nicht zu den oberflächlichen Menschen gehörst, macht es Sinn, dass Du Dir die Kunst des kleinen ungezwungenen Gesprächs zu Nutze machst. Denn nicht immer werden nur tiefsinnige Gespräche geführt, auf das Wesentliche wird wenige Minuten später im Vorstellungsgespräch sowieso eingegangen.

Egal, mit welchen neuen Menschen Du in Kontakt trittst, viele Deiner Gespräche beginnen mit dem Small Talk. Man könnte es auch anders formulieren: Mit dem Small Talk beginnt das gegenseitige Abtasten mit Worten. Zuerst darf das Gespräch einfach so dahinplätschern, bis wir uns beim eigentlichen Schwerpunkt einfinden und das Gespräch seinen Tiefgang findet.

Auch wenn Du nicht der geborene Redner bist – Du beherrschst den Small Talk

Gehörst auch Du zu den Menschen, die mit Sprachblockaden zu kämpfen haben, wenn sie auf neue Menschen treffen? Du hast Angst davor, Unsinn von Dir zu geben und Dich schlussendlich vielleicht auch noch zu blamieren. Das kann bei einem solchen Anlass - wie dem Vorstellungsgespräch - sehr unangenehm werden. Schraube am besten an den Erwartungen, die Du Dir selbst auferlegst. Gehe unbefangen an die ganze Sache heran, so als würdest Du die Menschen schon alle kennen.

Bei Menschen, die Du kennst, suchst Du auch nicht krampfhaft nach Worten. Bei denen wirfst Du auch Deine Ängste und Zweifel über Bord und erzählst frei heraus. Mache es auch bei Deinem Vorstellungsgespräch so, denn Small Talk ist auf das Fundament der Einfachheit aufgebaut. Ein lockerer Einstieg ist nach der Wetterfrage schnell geschafft. Sieh die Kunst des kleinen

Gespräches als wichtiges Werkzeug an, um Dein Vorstellungsgespräch von Anfang an auf eine positive Ebene zu ziehen.

Die Bedeutung des Geplauders bei einem Vorstellungsgespräch wird oft unterschätzt. Aber der Small Talk ermöglicht Dir, die Distanz zu anderen Menschen auf einfache Weise zu überwinden. Im Small Talk lernst Du Dein Gegenüber ganz unbefangen kennen, bevor weiterer wichtiger Kontakt entsteht.

Interesse muss von beiden Seiten bei einem Vorstellungsgespräch gegeben sein

Ist Interesse da – ist es klar zu erkennen

Ob sich Dein Gesprächspartner für das interessiert, was Du zu sagen hast, erkennst Du meist durch sein Nicken oder sonstigen freundlichen Gesten. Diese Gesten wollen Dir Zustimmung signalisieren. Ehrliches Interesse wird auch dadurch aufgezeigt, dass Dir Fragen zu Deiner Persönlichkeit gestellt werden.

Sieht der Personalchef oder künftige Arbeitgeber während des Gespräches immer auf seine Uhr oder ist der Blick vom Handy nicht wegzubekommen, deutet das auf kein großes Interesse dem Bewerber gegenüber hin. Bereits im Verlauf des Gespräches ist gut zu erkennen, ob das Vorstellungsgespräch nun ein Erfolg war oder nicht. Dabei darfst Du ruhig auch auf die jeweilige Körpersprache achten. Jeder Mensch signalisiert den Grad seines Interesses mit seiner Körpersprache.

Darum ist ein Gespräch auf Augenhöhe immer wichtig. An der Mimik ist bereits gut erkennbar, wie Dein Gegenüber auf Dich reagiert.

Werden Dir anerkennende Blicke zugeworfen? Wird Dir aufmerksam zugehört, was Du zu sagen hast? Bekommst Du ein Lächeln geschenkt und erhältst zudem immer wieder zustimmendes Kopfnicken? Dann ist ein aufrichtiges Interesse an Deiner Persönlichkeit bereits geweckt.

Der Blick in die Augen verrät es

Ob Deiner Person ehrliches Interesse geschenkt wird, erkennst Du auch, wenn Du Deinem Gegenüber in die Augen schaust und Blickkontakt herstellst. Kommt nur ein Kopfnicken und der Blick zeigt irgendwo anders hin, wird nur darauf gewartet, dass Du Deinen Satz beendest.

Deine Aufmerksamkeit beim Vorstellungsgespräch steigern – So gelingt es!

Beim Vorstellungsgespräch solltest Du in der Lage sein, das Gespräch dahin zu lenken, dass der Firmen- oder Personalchef die Wahrnehmung hat, es gehe um ihn. Jeder redet gerne von sich. Da sind Firmen- und Personalchefs keine Ausnahmen. Darum sollten diese immer persönlich angesprochen werden. Das steigert die Bereitschaft des genaueren Hinhörens!

Den richtigen Vergleich ziehen

Wer die Aufmerksamkeit bei einem Vorstellungsgespräch auf sich lenken möchte, der stellt auch passende Vergleiche an. Gemeinsamkeiten bereichern jede zwischenmenschliche Beziehung, egal ob sie nun beruflicher oder privater Natur ist. Wer die richtigen Vergleiche ziehen kann, der schafft es, mehr Aufmerksamkeit vom ersten Augenblick an zu erhalten.

Im Gespräch immer wieder einmal recht geben

Ja – Du hast richtig gelesen. Seinem Gegenüber recht geben. Du wirst Dich jetzt fragen: Wirkt das nicht zu überladen? Nein, tut es nicht, wenn auf die gleiche Denkweise an den richtigen Stellen im Gespräch hingewiesen wird. Alle Menschen schätzen es sehr, wenn sie recht bekommen. Darum gib Deinem Gegenüber beim Vorstellungsgespräch recht. Signalisiere ihm, dass Deine Denkweise eine sehr ähnliche ist. So wird Dir in Deinem Vorstellungsgespräch die absolute Aufmerksamkeit geschenkt. Denn der Firmen- oder Personalchef wird merken, dass ihr ähnlich tickt und gleiche Philosophien verbinden. Darum darfst Du die Floskel" Es ist genauso, wie Sie es ausgeführt haben" in das Vorstellungsgespräch mit einbauen. Damit Dir bei Deinem Vorstellungsgespräch die volle Aufmerksamkeit geschenkt wird, ist ein Recht-geben in der Unterhaltung gefragt.

Wer wird das Vorstellungsgespräch leiten und wie erfolgt die Begrüßung?

Diese Frage ist von der Größe des Unternehmens abhängig. Bei einem Kleinunternehmen wirst Du gewiss nur dem Chef gegenübersitzen, während in großen Firmen die Teilnahme an Deiner Vorstellung viel mehr Leute interessieren wird.

Wer könnte alles anwesend sein bei Deinem Vorstellungsgespräch?

Die Liste kann hierbei schon etwas länger – als vermutet – ausfallen:

- So ist meist der künftige Vorgesetzte bzw. Chef anwesend

- Der Personalchef

- Der Personalrat

- Der Gleichbestellungsbeauftragte (vielleicht noch besser unter dem alten Namen Frauenbeauftragte bekannt)

- Es können auch Mitglieder aus dem Vorstand des Unternehmens anwesend sein

- und natürlich Du als Bewerber.

Beim Vorstellungsgespräch die Hand reichen – Aber wem zuerst?

Wem von diesen Leuten gilt Dein Gruß als Erstes? Ganz entscheidend ist es bei einem Vorstellungsgespräch, die Hand zum Gruß zu reichen. Betrittst Du als Bewerber den Raum, so bist Du gefordert, auf andere Personen zuzugehen und ihnen die Hand zu reichen.

Sollst Du es wie im Privaten machen, dass zuerst die Frau gegrüßt wird? Nach dem Alter absteigend? Danach folgt erst der Handschlag mit den Männern? Gäste begrüßen ihre Gastgeberin immer zuerst, gefolgt vom Gastgeber und danach sind die anderen anwesenden Personen im Raum dran. Aber ist diese Vorgehensweise auch bei einem Vorstellungsgespräch richtig?

<u>So sieht die Erklärung aus:</u>

Es ist der zukünftige Chef, dem als Erstes die Hand gereicht wird, und dann kommen alle anderen Personen. Ist der Chef bei dem Vorstellungsgespräch nicht anwesend, wird der Personalchef als Erster begrüßt.

Mit den Benimmregeln bei einem Vorstellungsgespräch sind Firmen- und Personalchefs bestens vertraut. Ich würde Dir Folgendes raten: Wenn Du den Raum betrittst, in dem Dein Vorstellungsgespräch stattfindet, grüße Du zuerst mündlich mit dem passenden Grußwort und warte dann ab, ob Dein Gruß erwidert wird. In Folge wird dann der Firmen- oder Personalchef auf Dich zukommen und Dir die Hand zum Gruß reichen.

Du bist Dir noch unsicher, weil Du weder den Personalchef noch den Gleichbehandlungsbeauftragten kennst? Auch die Mitglieder des Vorstandes sind Dir bislang unbekannt? Bleib cool! Du hast freundlich gegrüßt, als Du den Raum des Geschehens betreten hast – nun warte ab. Eine Hand reicht die andere. Wenn Du nicht weißt, welchen Rang die jeweiligen Personen im Unternehmen einnehmen, ist Abwarten die beste Methode. Ein sicheres Auftreten mit einem freundlichen Gruß reicht vorerst, wenn Du den Raum betrittst, alles andere wird sich zeigen. Die Grußfolge hat sich nach der Rangfolge im Unternehmen zu richten. Sitzt eine Sekretärin im Vorzimmer, übersieh auch sie nicht. Grüße sie freundlich, ohne ihr dabei die Hand zu schütteln. Ein einfacher freundlicher Gruß reicht und auch die Sekretärin fühlt sich wertgeschätzt. Es sind immer die kleinen Dinge, die jeder Bewerber gerne übersieht. Du machst das nicht, Du bist zu jedem im Unternehmen freundlich und genau das macht Dich aus.

Ein freundliches Lächeln unterstützt den Gruß und lässt Dich daher noch sympathischer wirken. Denn der 1. Eindruck zählt! Konntest Du den Namen der Sekretärin irgendwo ablesen, dann merke ihn Dir. Wenn Sie Dir vielleicht während des Gespräches einen Kaffee serviert, kannst Du ihr mit Namen danken. Eine Geste, die Dich auszeichnet und für Aufmerksamkeit beim Chef und Personalbeirat sorgen wird.

Du und nur eine Person, die das Vorstellungsgespräch leitet

Dann sieht die Begrüßung schon anders aus. Denn wenn sich die Situation so verhält, dann bist Du umgehend am Zug. Wenn Du den Raum betrittst, dann gehst Du offen auf die Person zu, grüßt mit Namen und reichst dabei die Hand zum Handschlag.

Du kannst auf Anhieb überzeugen!

Denn der 1. Eindruck ist entscheidend! Bereits wenige Sekunden reichen und ein Urteil über eine noch unbekannte Person wurde bereits gefällt. Wenige Sekunden dafür genügen! Das ist verdammt wenig, wenn es um Deine berufliche Zukunft geht. Darum ist der Beginn mit der Begrüßung ein sehr wichtiger Teil des Vorstellungsgespräches.

Geheimtipp: Name

Du betrittst den Raum und das Vorstellungsgespräch beginnt jetzt. Du gehst auf den Chef zu, gibst ihm – wie bereits oben erwähnt – die Hand und sprichst ihn bei seinem Namen an. Der Name ist das Wichtige. Es ist wissenschaftlich bewiesen, dass Menschen gerne ihren eigenen Namen hören. Nutze diese simple Chance für Dich. Ein einfaches „Guten Morgen" würde auch reichen, aber wer den perfekten 1. Eindruck hinterlassen möchte, der verzichtet nicht darauf, sein Gegenüber beim Namen zu nennen.

Wenn Du Dein Gegenüber beim Namen nennst, erreichst Du damit, dass sich zwischenmenschlich – ganz von selbst – ein vertrautes Gefühl aufbaut. Nur wenn der Name des Personal- oder Firmenchefs ausgesprochen wird, löst das bei ihm eine gewisse Vertrautheit aus. Eine Vertrautheit, die Deinen Weg zum Wunschjob ebnen kann.

Wer also Vertrauen im Geheimen aufbauen möchte, der grüßt mit Namen. Einfach umsetzbar und dennoch verfehlt diese Begrüßung ihre Wirkung nicht. Auch während des Gespräches macht es Sinn, immer wieder die Personen mit Namen anzusprechen. Aber gerade bei der Begrüßung ist es äußerst wichtig, den Namen zu nennen. Du kannst Dir keine Namen merken? Doch! Jeder kann sich Namen merken, wenn sie einem wichtig sind.

Wichtig ist, während des Gespräches genau auf die Namen zu hören. Hat jemand seinen Namen ausgesprochen, sollte sich dieser Name bereits im Unterbewusstsein verankern, damit diese Person bei der passenden Gelegenheit mit Namen angesprochen werden kann. Es sind die kleinen Gesten, die große Wirkung zeigen und Vertrauen zwischen unbekannten Personen aufbauen. Es ist es zweitrangig, mit wie vielen Leuten Du an einem Tisch sitzt. Du solltest immer aufmerksam bei der Sache sein und wichtige Fakten – wie Namen – für Dich nutzen.

Soft Skills - Setze sie für Dich ein

Egal, für welchen Bereich Du Dich beworben hast, im Geschäft, beim Friseur oder im Großraumbüro, und egal, wie sich Dein künftiger Berufsalltag auch gestalten mag, Du wirst immerfort auf andere und neue Menschen treffen. Persönlich mit Kunden, von

Angesicht zu Angesicht oder am Telefon. Die Art des Umgangs miteinander ist entscheidend. Die Art des Umgangs kann auch entscheidend sein, ob Erfolg winkt oder sich Misserfolg einstellt.

Soft Skills drücken die soziale Kompetenz eines Menschen aus

Als Soft Skills werden Fähigkeiten benannt, die über die Kompetenz des Fachwissens hinausgehen. Fachliche Kompetenz ist wichtig, um den Beruf entsprechend ausüben zu können. Soft Skills werden dann eingesetzt, wenn es um den Umgang mit anderen Menschen geht. Soft Skills können auch als soziale Kompetenz eingeordnet werden. Auch gutes Benehmen darf sich zu den Soft Skills zählen. Das wichtigste Soft Skill ist die Kommunikationsfähigkeit. Dazu gehört, dass Du Deine Wünsche und Ideen für jeden verständlich formulieren und erklären kannst. Wenn Du nach Deinen Stärken im Bewerbungsgespräch gefragt wirst, kannst Du die Kommunikationsfähigkeit nennen. Aber damit dieses Wort keine leere Worthülle bleibt, erzähle dazu mehr. Erkläre, dass Du verständlich formulieren kannst, dass Du aber auch ein guter Zuhörer bist und es Dir nicht schwerfällt, auf neue Menschen zuzugehen und sie in ein Gespräch einzubinden.

Auch die eigene Ausstrahlung kann zu einem Soft Skill werden, die Dich weiterbringt. Denn wenn Du Charisma besitzt, dann wirst Du in der Lage sein, Deine Mitmenschen in Deinen Bann zu ziehen. Deine Individualität und Dein Charakter gelten als Besonderheit. Du kannst jede noch so schwierige Situation souverän meistern. Du bist einfach ein charismatischer Mensch, mit einem positiven Lebensgefühl, das Du auch auf andere Menschen übertragen kannst. Egal, ob Du diese Menschen nun beruflich oder privat triffst.

Soft Skills verhelfen oft zum gewünschten Job

Die Soft Skills helfen dabei, den Traumjob für sich zu gewinnen. Denn wer sympathisch auf sein Gegenüber wirkt, der kann auch schnell das Vertrauen gewinnen. Es gibt unzählige Soft Skills. Jeder von uns besitzt seine eigenen. Wichtig ist es aber, auch diese entsprechend benennen zu können. Denn jede Berufsgruppe benötigt andere Soft Skills.

Wer neu in einen Beruf einsteigt, für den ist es wichtig, dass er mit seiner Kommunikationsfähigkeit und mit seinem Charisma punkten kann. So wird er im neuen Arbeitsumfeld umgehend Anschluss finden. Aber auch die Bereitschaft zur Weiterbildung und Ausdauer sind wichtige Faktoren, die von den Firmen- und Personalchefs gerne gesehen werden. Die Anpassungsfähigkeit muss gewährt sein, denn ein neuer Job verlangt immer danach, dass Du Dich als sehr anpassungsfähig zeigst. Auch Team-Player werden gerne mit ins Boot geholt, denn Einzelkämpfer haben es in jedem Unternehmen schwer.

Soft Skills, die viel Bedeutung für das Arbeitsleben haben

Es wurden eigene Studien durchgeführt, die aufzeigen, welche Soft Skills für die Arbeitswelt eine sehr große Bedeutung haben. Zu den Wichtigsten gehören:

- die Kommunikationsfähigkeit

- die Teamfähigkeit

- die persönliche Initiative

- das analytische Denken sowie das entsprechende

Urteilsvermögen
- die Leistungsbereitschaft sowie die Belastbarkeit

- die Begeisterungsfähigkeit

- das Denken und Handeln im Sinne des Unternehmens

- die Bereitschaft, Verantwortung zu übernehmen

- die eigene Kreativität

- das leistungsorientierte Arbeiten sowie

- das eigene Auftreten

Kein Mensch kann alle Soft Skills in seinen charakterlichen Eigenschaften vereinen. Aber es ist wichtig, seine persönlichen Stärken genau zu kennen, um sie analysieren zu können. Denn in einem Vorstellungsgespräch wird oft die Frage gestellt: Wie gestalten sich die persönlichen Stärken des Bewerbers? Um sich gekonnt von der Konkurrenz abzuheben, macht es Sinn, seine Stärke ein wenig zu umschreiben. Mache Dir einfach kurz Gedanken, was Deine persönlichen Stärken nun wirklich sind, nenne nicht nur Stichwörter, sondern begründe Deine persönlichen Stärken mit einer einfachen Erklärung.

Nicht nur die Hard Skills müssen überzeugen können, auch die Soft Skills nehmen immer mehr an Bedeutung zu, denn schließlich vereinfachen sie die Arbeitsweise mit- und untereinander.

Hard Skills – Mit diesen Fähigkeiten konntest Du bereits überzeugen

Die Hard Skills nennen Deine fachlichen Fähigkeiten beim Namen. Dazu gehören auch die Berufserfahrung, im Inland sowie im Ausland, spezielle Kurse und Praktika, ein Studium oder der Fernlehrgang. Alles, was Deine Fachkompetenz auszeichnet, wird als Hard Skill bezeichnet.

Diverse Testergebnisse, Zeugnisse und Zertifikate gelten als Nachweis für die Hard Skills. Diese ermöglichen, den gewünschten Beruf auszuüben. Denn sie stehen für die berufliche Kompetenz. Im Gegensatz zu den Soft Skills, die sich nur mit den sozialen und persönlichen Fähigkeiten auseinandersetzen. Übersetzt Du das Wort Hard Skills, dann wirst Du herausfinden, dass hierbei Deine Fachkompetenz gefragt ist. Auch diverse Sprachkurse dürfen sich zu den Hard Skills zählen. Anhand von Beruf und Ausbildung bist Du zu Deinen Hard Skills gelangt und je mehr solcher Fähigkeiten Du vorweisen kannst, umso besser.

Eine fundierte Ausbildung + zusätzliche Qualifikationen

Eine fundierte Ausbildung und zusätzliche Qualifikationen bilden Deine Hard Skills. Dein Bewerbungsschreiben muss bereits alle Hard Skills enthalten und wurde in der Bewerbungsmappe extra nachgewiesen. Denn die Hard Skills zeigen auf, ob Du für den ausgeschriebenen Job geeignet bist oder nicht. Deine Bewerbung zeigte bereits, dass das Unternehmen mit Deinen Hard Skills zufrieden ist, sonst hätte man Dich nicht zu einem Vorstellungsgespräch gebeten. Auch im Lebenslauf können die beruflichen Fähigkeiten noch einmal gezielt aufgezeigt werden. Denn die ausgeschriebene Position verlangt nach fachlichen Fähigkeiten.

Wer keine oder nur wenige Hard Skills bieten kann, der wird sich schwertun, der beruflichen Herausforderung gewachsen zu sein. Soft Skills gehen über die Hard Skills hinaus und geben mehr über die Individualität der einzelnen Person preis.

Hard Skills oder Soft Skills – Welche Skills sind nun wichtig für Dich?

In diesem Fall gibt es kein Entweder-oder. Denn beide Skills haben ihre Bedeutung. In den letzten Jahren wurde vermehrt erkannt, dass nicht nur die fachlichen, sondern auch die persönlichen Qualifikationen sehr wichtig sind, um ein zufriedenes und harmonisches Miteinander zu schaffen.

Darum legt das Unternehmen nicht nur Wert auf Deine Hard Skills, sondern wird auch Deine Soft Skills bewerten wollen. Denn der Auswahlprozess heutzutage stützt sich nicht nur auf das Können anhand von Fakten und Nachweisen. Nun sind auch die Soft Skills immer mehr am Zug.

Dass Du die erforderlichen beruflichen Fähigkeiten mitbringst, konntest Du bereits durch Deine Bewerbungsmappe mit diversen Zeugnissen nachweisen, aber die Soft Skills sind auf keinem Papier aufgeführt. Von Deinen Soft Skills musst Du selbst überzeugen können und das fängt bereits damit an, wie Du Dein Vorstellungsgespräch beginnst. Ob Du dem neuen Arbeitsumfeld und seinen Menschen auf Anhieb gefällst.

Die richtige Einstellung und Motivation

Optimistisch an ein Vorstellungsgespräch herangehen! Diese Aufforderung wurde Dir bestimmt schon oft gemacht: „Sei nicht immer gleich negativ eingestellt, denk lieber positiv." Und genau das darfst Du auch in Deiner jetzigen Situation tun. Gerade in Zeiten, die herausfordernd sind, ist es wichtig, positiv eingestellt zu sein. Du musst nicht voller Euphorie zum Vorstellungsgespräch antreten, aber Du darfst bereits einen Silberstreif am Arbeitshimmel sehen und nach diesem greifen.

Deine innere Einstellung und der richtige Blickwinkel auf die Dinge

Bei manchen Personen macht es den Anschein, als sei ihnen das Glück in die Wiege gelegt worden. Sie sind ein Leben lang auf der Erfolgsspur unterwegs. Während Du Dich abstrampeln musst und oft von einem Missgeschick in das nächste tappst. Ganz klar – jeder

Mensch hat seine eigene Ausgangssituation, seinen eigenen Lebenslauf. Aber egal wie Dein Leben verlaufen mag, wichtig ist immer die eigene Haltung dazu, die von Hoffnung und Zuversicht geprägt sein darf.

Jeder wird von seinem eigenen Denken geleitet und ist selbst dafür verantwortlich, ob wir uns freuen oder ob es uns schlecht geht. Unsere Gedanken formen unseren Alltag. Oft beschäftigst Du Dich viel zu wenig mit dem Jetzt, Deine Gedanken kreisen immerfort um das, was sein wird.

Ich habe einmal einen Spruch gehört, der mir besonders gefallen hat; er heißt: „Glücklich zu sein heißt nicht, von allem das Beste zu haben, sondern aus allem das Beste zu machen." Darum betrachte Dein Leben einmal aus einer anderen Perspektive und mache das Beste daraus.

Ein positiver Blickwinkel und eine Persönlichkeit, die Lebensfreude ausstrahlt, ist die Lösung für ein gut funktionierendes Vorstellungsgespräch. Wer sich sein Leben nicht erschweren möchte, sondern darauf achtet, dass es leicht ist, egal was gerade ansteht, der muss sein Leben nur aus dem richtigen Blickwinkel betrachten und sich wagemutig in das Leben – in das Vorstellungsgespräch – stürzen. Denn nur wer wagt, der gewinnt auch.

Dranbleiben - Das ist Deine Devise

Aber was ist, wenn uns Steine in den Weg gelegt werden? Dann heißt es nicht einfach aufgeben, sondern dranbleiben. Wer hinfällt, der sollte sich aufrappeln und weitermachen. Denn es ist ein sehr gutes Gefühl, etwas geschafft zu haben und an das Ziel gekommen zu sein. Gerade, wenn es sich um eine Jobzusage handelt. Wenn Du drangeblieben bist und Dein Ziel erreicht hast, stellt sich ein hohes

Glücksempfinden ein, das mit nichts aufzuwiegen ist. Denn die Mühe hat sich schlussendlich gelohnt. Also mobilisiere für Dein Vorstellungsgespräch all Deine Kräfte und lass Dich von bohrenden Fragen nicht ausbremsen.

Auf seine innere Stimme hören

Das Herz ist oft ein guter Ratgeber, beruflich sowie privat. Bei jedem Menschen sind Kopf und Herz miteinander verbunden und die innere Stimme sagt dann, was zu tun ist. Deshalb horche auf Deine innere Stimme. Viele nennen dies auch Bauchgefühl. Egal, ob innere Stimme oder Bauchgefühl. Versuche einfach bereits im Vorfeld, dem Gehör zu schenken. Denn jeder von uns weiß nur zu gut, was in der momentanen Situation gut für uns ist und danach darf gehandelt werden.

Die Macht der eigenen Gedanken nutzen

Positives Denken ist gerade bei einem Vorstellungsgespräch sehr wichtig, während eine negative Denkweise bloß Sorgenfalten verursacht. Denn was Dich gedanklich bewegt, ist maßgeblich für das spätere Leben entscheidend. Es ist wissenschaftlich bewiesen, dass die Macht der Gedanken die Wirklichkeit bis zu einem Teil formen kann. Wer also zu einem Vorstellungsgespräch erscheint, der muss von sich selbst überzeugt sein und die innere Einstellung muss verkünden: „Ich kann das!" Es kann auch helfen, schriftlich festzuhalten, welche Arbeit und welches Leben Du in Zukunft haben möchtest. Richte dabei Deinen Blick immer nach vorne. Konzentriere Dich dabei nicht zu sehr auf alte Lebensmuster, sondern halte an neuen Gedanken fest. Blicke also zielgerichtet nach vorne und beschäftige Dich ohne Druck mit dem bevorstehenden Vorstellungsgespräch. Mit dem Aufbau neu gemachter Überzeugungen ist das auch gut umsetzbar.

Hauptteil 1 – Die richtige Vorbereitung auf ein Vorstellungsgespräch

Gestalte schon vorab Deine Selbstpräsentation

Zu einem Vorstellungsgespräch kommt es deshalb, weil Dich das Unternehmen näher kennenlernen und anhand eines Gespräches herausfinden möchte, ob Du die richtige Besetzung für die ausgeschriebene Stelle bist.

Du weißt es – Du bist es! Nun musst Du nur den Personalchef und seine Abordnung davon überzeugen.

Das gelingt über Deine gute Selbstpräsentation, die mehr über Deine Person verrät.

Als Erstes würde ich Dir dazu raten, Papier und Stift in die Hand zu nehmen und Dich selbst in kurzen Worten zu beschreiben.

Wichtig bei der Selbstpräsentation ist deren Gestaltung. Wie soll diese erfolgen? Chronologisch? Gerade die Frage des Anfangs ist hier immer ein zentrales Thema. Zumal wenn Du bei Deiner chronologischen Selbstpräsentation einen wichtigen Teil vergessen hast, wird sich dieser Teil im Nachhinein nur schwer einbinden lassen.

Darum baue Deine Selbstpräsentation in einzelnen Themen auf und nicht chronologisch.

Dabei darfst Du Dich an 3 wesentliche Punkte halten:

Deine Eckdaten – Wer bist Du?

Deine Hard- und Soft Skills – Was kannst Du?

Deine berufliche Zukunft – Was willst Du beruflich erreichen?

Wer bist Du?

In diesen Teil kommen alle wichtigen Daten, die Dich auszeichnen. Dein Name, Dein Alter, Deine Wohnadresse, Dein Familienstand.

Was kannst Du?

Bei diesem Teil sollst Du Dich nicht selbst einschätzen und beliebige Soft und Hard Skills nennen. Nein – Du sollst die Soft und Hard Skills beim Namen nennen, die von Dir vorausgesetzt oder gewünscht werden. Was besagt die Annonce, was wird gefordert? Nach diesen Skills hältst Du Dich bei der Frage: Was kann ich? Gehe darauf ein, warum Du für die ausgeschriebene Stelle die Nr. 1 bist. Bei jedem Jobangebot werden Soft und Hard Skills gefordert, darum ist es wichtig, dass Du diese nicht außen vor lässt, sondern gezielt auf diese aufbaust. Und mache sie Dir in Deiner Selbstpräsentation zunutze. Wenn Du die Soft und Hard Skills entsprechend in Deiner Präsentation untergebracht hast, kannst Du, wenn Dir noch ausreichend Zeit dafür bleibt, auch auf diverses Können im privaten Bereich hinweisen. Das lockert das Gespräch wieder ein wenig auf und sorgt für frischen Wind in Deiner Selbstpräsentation.

Was willst Du beruflich erreichen?

Welche Ziele im beruflichen Werdegang hast Du? Dabei denken 99 % der Bewerber an die eigene Persönlichkeit. Aber Du sollst bei Deiner Selbstpräsentation umdenken. Du sollst Dir die Frage stellen: Wo will mich das Unternehmen in Zukunft sehen? Diese Frage beantwortest Du!

Eine Selbstpräsentation ist nicht die Nacherzählung des bekannten Lebenslaufes

Wenn Bewerber aufgefordert werden, sich in einer Selbstpräsentation kurz selbst vorzustellen, dann geben sie inhaltlich ihren Lebenslauf wieder. Das ist aber nicht der richtige Weg! Denn der Lebenslauf wurde von den Herrschaften aus dem Unternehmen bereits ausführlich studiert. Jetzt warten sie auf eine Neuigkeit über den Bewerber.

Du kannst gerne auf Deinen Lebenslauf verweisen, musst aber in der Selbstpräsentation näher und ausführlicher auf einzelne Punkte eingehen. Du kannst vermerken, dass es Dich freut, dass das Unternehmen auf Deinen Lebenslauf aufmerksam wurde und Du nun näher auf diesen eingehen möchtest. Bei der Ausarbeitung der Selbstpräsentation darfst Du Dir ruhig die Frage stellen: Was hat das Unternehmen dazu veranlasst, gerade mich auszuwählen? Wichtig ist es auch, darauf zu achten, welche Punkte des Lebenslaufes mit der Stellenausschreibung identisch sind. Diese Punkte dürfen dann in der Selbstpräsentation noch einmal dargestellt werden. Wer eine Selbstpräsentation anfertigt, soll sich von der breiten Maße abheben und dabei auf die beliebte chronologische Aufzählung verzichten. Alle Stationen des Lebens müssen nicht noch einmal aufgezählt werden. Darum ist es wichtig, dass Du Dich bei Deiner Selbstpräsentation auf das Wesentliche über Deine Persönlichkeit konzentrierst. Was zeichnet Dich aus? 3 einfache Schlagwörter genügen in der Regel. Dabei solltest Du Dich auf bestimmte Hard und Soft Skills verlassen, die nicht jeder x-beliebige Bewerber hat, sondern benenne solche Eigenschaften, die Besonderheitswert besitzen und die sehr gut zum ausgeschriebenen Job passen. Wenn Du 3 besondere Eigenschaften zu Deiner Persönlichkeit nennst, achte darauf, dass diese Eigenschaften miteinander harmonieren oder ineinander übergehen. Wenn diese 3 Punkte ineinander aufgebaut sind, dann entstehen Verknüpfungen und eine interessante Story ergibt sich.

Warum die unspektakuläre Frage: Erzählen Sie von sich?

Hierbei will das Unternehmen bereits austesten, ob sich der Bewerber bereits Gedanken über das Vorstellungsgespräch gemacht und sich gut vorbereitet hat.

Darum ist bei der Selbstpräsentation darauf zu achten,

- dass sie sich als unterhaltsam und nicht langweilig zeigt und

- dass die Selbstpräsentation mit der ausgeschriebenen Stelle stimmig ist.

Niemand will bei der Selbstpräsentation eine Lesung des Lebenslaufes hören. Nicht alles, was im Lebenslauf verpackt ist, muss in der eigenen Präsentation noch einmal genannt werden.

Hinter der Frage: Erzählen Sie von sich – verbirgt sich im Grunde eine ganz andere. Die wie folgt lautet: Warum sollen wir gerade Sie einstellen? Darum ist es wichtig, sich auf das wirklich Wesentliche zu konzentrieren.

Es dürfen immer passende Vergleiche gezogen werden:

- zwischen dem, was der Bewerber erlernt hat,

- was er bereits kann und

- was nun von der neuen Unternehmung gefragt wird.

Ein Zusammenspiel dieser drei Faktoren sollte gegeben sein, dann klappt es auch mit der Besetzung.

Welche Fragen in einem Vorstellungsgespräch gestellt werden, kann im Vorfeld nur vermutet werden. Bestimmt wird aber die berühmte Aufforderung gemacht: Erzählen Sie von sich!

Wie lange sollte die Selbstpräsentation sein?

Eine solche Selbstpräsentation ist ein Werbespot über die eigene Persönlichkeit, die mit viel Sorgfalt vorbereitet werden sollte. Es genügt, wenn die Selbstpräsentation nur wenige Minuten in Anspruch nimmt und das Wichtigste vom Bewerber beinhaltet. Denn in der Kürze liegt die Würze. Sollte es Unklarheiten geben, fragen Personalchefs durchaus nach. Du kannst nach der Präsentation folgende Frage stellen: **„Ist es Ihr Wunsch, dass ich den einen oder anderen Punkt in meiner Darstellung noch vertiefe?"** Diese Frage würde ich Dir und jedem anderen Bewerber ans Herz legen, denn damit wird erreicht, dass die Personen persönlich angesprochen werden und sich selbst einbringen können. Gibt es wirklich noch offene Fragen, werden diese dann in Folge umgehend beantwortet.

Die richtigen Bausteine für die Selbstpräsentation nutzen

Die richtigen Bausteine für die Selbstpräsentation liefert auf jeden Fall der Lebenslauf. Sieh die Selbstpräsentation als persönliche Rückmeldung für die Stellenausschreibung an. Darum muss jede Stellenausschreibung genau durchstudiert werden, um die entsprechenden Antworten darauf zu finden. Hard und Soft Skills, die in der Ausschreibung gefordert werden, müssen sich in Deiner Selbstbeschreibung wiederfinden. Denn die fachliche und soziale Kompetenz muss stimmig und gewährleistet sein.

Darum wirf noch einmal einen genaueren Blick auf die Stellenausschreibung: Welche Kompetenzen sind gefordert und welche erfüllst Du? Aber die Kompetenz allein ist vielen Unternehmen zu wenig, darum baue auf die jeweilige Kompetenz auf und liefere ein exaktes Beispiel aus Deiner Arbeitswelt dazu.

Bevor Du also Deinen ganzen Lebenslauf einfach nur noch einmal erzählst, gib Deine Hard und Soft Skills mit Beispielen aus Deiner Vergangenheit preis und Deine Präsentation werden alle mit

Spannung verfolgen. Wirst Du zu einer Selbstpräsentation aufgefordert, will das Unternehmen damit sichergehen, dass Du die richtige Besetzung für den Job bist und die geforderten Ansprüche auch leisten kannst. Damit muss es aber einen Abgleich mit der Stellenanzeige und Deiner Selbstdarstellung geben. Nur so wird es Dir gelingen, fachlich sowie sozial überzeugend zu wirken.

Wer es schafft, frischen Wind durch seine Selbstdarstellung in das Vorstellungsgespräch zu bringen, der hat bereits die besten Karten in der Hand, die nur noch darauf warten, entsprechend ausgespielt zu werden. Mit einer Nacherzählung des beruflichen Werdegangs wird Dir das aber nur schwer gelingen.

Wer seine Hard und Soft Skills bereits abgeglichen hat, muss sie nur mehr strukturiert in seiner Selbstpräsentation unterbringen. Es muss Überzeugungsarbeit geleistet werden, schließlich sollen alle Beteiligten von Deiner Persönlichkeit schlussendlich überzeugt sein. Anhand der richtigen Selbstpräsentation sollte es Dir vorab schon gelingen, zum gewünschten Kollegen und Mitarbeiter zu werden.

Zusammenfassend – Was Dir dieses E-Book für Deine Selbstpräsentation mitgeben möchte:

Du weißt nun: Es ist zu wenig, nur den eigenen Lebenslauf wiederzugeben. Denn er liegt bereits vor und wer sein Vorstellungsgespräch lebendig und spannend halten möchte, der stellt Hard und Soft Skills vor, die vorher mit der Stellenausschreibung abgeglichen wurden. Biete entsprechende Beispiele aus Deinem bisherigen Arbeitsleben.

Du hast die Stellenausschreibung genauer unter die Lupe genommen und die gewünschten Skills notiert. Nur wer die wichtigsten Anforderungen kennt, kann diese auch erfüllen.

Übe Deine Selbstpräsentation mehrfach vor dem Spiegel. Lies laut vor, denn das gibt Dir mehr Selbstvertrauen. Mache Deine Präsentation nicht leise in irgendeinem Kämmerlein, mache sie laut. Es können sich auch Zuschauer daran beteiligen, die ein Feedback dazu abgeben. Denn Außenstehende können besser beurteilen, wie das, was Du sagst, ankommt.

Es reicht aus, wenn Deine Selbstpräsentation nur wenige Minuten in Anspruch nimmt. Führe aber keinen reinen Monolog, sondern werte Deine Selbstdarstellung mit den passenden Fragen, wie sie oben bereits angeführt sind, immer wieder auf. Das gibt der Darstellung mehr Spirit.

Eine gute Vorbereitung muss sein

Warum? Weil ein Vorstellungsgespräch nur so gut ist wie die Vorbereitung, die Du erledigt hast. Ganz einfach ausgedrückt: Wer würde sich zu einem Marathon anmelden, wenn er vorher nicht tatkräftig trainiert hat? Und genauso ist es mit dem jeweiligen

Bewerbungsgespräch auch. Darum lohnt es sich, auf jedes Vorstellungsgespräch gut vorbereitet zu sein.

Schließlich willst Du fit sein für Dein Bewerbungsgespräch. Denn eine gute Vorbereitung wirkt sich immer positiv auf den Verlauf des jeweiligen Gespräches aus.

Eine gute Vorbereitung muss sein – Zuerst der theoretische Teil

Erste Maßnahme – Herausfinden, wie sich das Unternehmen selbst darstellt

Sind dem Unternehmen traditionelle Werte wichtig oder setzen sie auf die moderne Zeit? Wenn die Firma Wert auf Tradition legt, ist es wichtig für Dich, dass Du Dich mit der Geschichte des Unternehmens auseinandersetzt. Zeigt sich die Firma modern und greift gerne jede Neuerung auf, dann weise gezielt darauf hin, dass Du mit ihrem Fortschritt mithalten möchtest.

Du musst im Vorfeld herausfinden, für welche Werte sich das Unternehmen einsetzt. Welche Philosophie vertritt das Unternehmen? Es ist auch unbedingt wichtig, zu wissen, in welcher Branche das Unternehmen ansässig ist und für welche Produkte es einsteht. Auch die Größe des Unternehmens und die Anzahl ihrer Mitarbeiter sollte im Vorfeld erforscht werden. Die Webseite des Unternehmens gibt viele Daten und Fakten dazu preis.

Zweite Maßnahme – Die Stellenausschreibung genauer durchleuchten

In der Stellenausschreibung wird die Stelle beschrieben, die Du in Zukunft besetzen willst. Die Aufgaben sind genau dargestellt. Was sind die wichtigsten Aufgaben und welche kannst du zu 100 % erfüllen? Dir muss es also gelingen, für Deine eigene Persönlichkeit

Werbung zu machen und so von Dir zu überzeugen, dass Du für das Unternehmen die 1. Wahl bist.

Dritte Maßnahme – Was das Unternehmen sucht, hast Du zu bieten

Genauso überzeugend musst Du bei Deinem Bewerbungsgespräch sein. Denn in der Stellenausschreibung ist genau formuliert, wer gesucht wird und welche Voraussetzungen die Neubesetzung mitbringen muss.

Eine gute Vorbereitung muss sein – Dann der praktische Teil

Eine gute Vorbereitung setzt auch ganz banale Dinge voraus, wie die Anfahrt und die Notiz über den jeweiligen Termin. Wie erreichst Du den Ort des Vorstellungsgespräches? Bei der Anfahrt ist es wichtig, einen ordentlichen Zeitpuffer einzuplanen. Denn wer bei seinem Bewerbungsgespräch zu spät kommt, setzt sich von ganz alleine ins Aus. Auch auf Deinen Kleidungsstil musst Du ein Augenmerk legen, ist dieser richtig gewählt? Vor dem jeweiligen

Termin solltest Du folgende wichtige Unterlagen griffbreit haben, damit Du sie zum Vorstellungsgespräch mitnehmen kannst.

Unterlagen, die zum Vorstellungsgespräch mitgenommen werden

Die Einladung:

Viele Bewerber nehmen nichts mit, weil sie die Meinung vertreten, sie brauchen nichts. Das ist ein Fehler. Denn mitzubringen ist auf jeden Fall die Einladung zum Vorstellungsgespräch. Hast Du Dich bei einem großen Unternehmen beworben, wirst Du meist bereits am Empfang danach gefragt.

Deine eigenen Bewerbungsunterlagen:

Du wirst Dir jetzt bestimmt denken – warum das denn, die Firma hat diese ja bereits? Wenn bestimmte Absätze in Deiner Bewerbung angesprochen werden, kann es für Dich sehr hilfreich sein, wenn Du Deine Bewerbungsunterlagen zur Hand hast. Du kannst dann jederzeit einen kurzen Blick in Deine Unterlagen werfen und das Gespräch läuft nicht Gefahr, zu stocken, weil Du nicht weißt, was genau in Deiner Bewerbung steht. Es gibt Kandidaten, die kopieren sogar ihre Bewerbungsunterlagen, für den Fall, dass sie beim Vorstellungsgespräch noch nicht am Tisch parat liegen. So kann der Bewerber seine Kopien aus der Tasche holen und das Vorstellungsgespräch kann ohne jegliche Verzögerungen starten.

Notizblock und Stift:

Wer seinen Notizblock herausholt und seinen Stift zückt, der zeigt auf, dass er an dieser Unterhaltung interessiert ist und das Wichtigste schriftlich festhalten möchte. Auf dem Notizblock dürfen bereits ein paar Fragen vermerkt sein, die Du der Unternehmensleitung stellen möchtest.

Baue auf Dein Bewerbungsschreiben + Deinen Lebenslauf und punkte mit Sympathie

Denn beide Schriftstücke könnten bereits überzeugen. Aber dennoch werden sich noch viele vereinzelte Fragen auftun und es muss gewiss auch eine Sympathie zwischen Bewerber und Unternehmensführung bestehen, damit das Vorstellungsgespräch von Erfolg gekrönt ist.

Wichtig ist, dass Du Deine Fähigkeiten, die Du im Bewerbungsschreiben und im Lebenslauf genannt hast, mit Beispielen aus der Berufspraxis vervollständigst, damit sich der Abteilungsleiter und der Personalchef ein genaueres Bild von Deinem beruflichen Werdegang machen können. Es ist für sie wenig interessant, wenn Du Dich bei Deiner Bewerbung wiederholst. Viel mehr Spannung wird durch Deine Argumentation erzeugt, wenn Du preis gibst, wie Dir Deine Talente in der Vergangenheit bereits helfen konnten.

Hard Skills sind wichtig – aber nicht alles!

Die fachliche Kompetenz ist wichtig, denn ohne sie könntest Du den angebotenen Job wahrscheinlich nicht entsprechend verrichten. Dennoch sind Hard Skills längst nicht alles. Moderne Unternehmen suchen nach Menschen, die eine gute Ausbildung vorweisen können, Charisma ausstrahlen und Empathie leben. Denn die beste Aus- und Weiterbildung wird Dir nicht viel bringen, wenn sie Dich nicht sympathisch finden. So viel ist sicher! Jetzt wirst Du Dich bestimmt fragen, wie Du den guten Draht zur Unternehmensführung findest.

Beim Vorstellungsgespräch überzeugen – So gelingt es gewiss!

Gehe positiv in das Vorstellungsgespräch

Damit wirst Du auch Lebensfreude ausstrahlen. Wer offen auf seinen Gesprächspartner zugeht, wird damit erreichen, dass sich dieser schneller öffnet. Ein kleines Lächeln wirkt dabei oft Wunder. Wer missmutig und gehemmt durchs Leben geht, der wird es schwer haben, das Vertrauen der anderen für sich zu gewinnen. Auch wer ängstlich und verunsichert sein Vorstellungsgespräch startet, wirkt weniger vertrauenerweckend.

Achte auf die Körpersprache

Auch die Körpersprache ist von wichtiger Bedeutung; sie verrät bereits viel über Dich. Darum achte auf sie. Sei deshalb zugewandt, nimm Blickkontakt auf und lächle bei der passenden Gelegenheit. Auch das Reden mit den Händen ist nicht verkehrt, solange nicht zu viel damit gearbeitet wird.

Weise auf die Erfolgsgeschichte des Unternehmens hin

Mache bei der passenden Gelegenheit darauf aufmerksam, dass Du die Erfolgsgeschichte des Unternehmens kennst. Denn Firmenchefs sind immer stolz auf ihr Werk. Darum setz Dich im Vorfeld damit auseinander. Auch Umsatzsteigerungen dürfen angesprochen werden, denn das zeugt von tiefgründigem Interesse von Deiner Seite. Jeder freut sich über ein Kompliment und die Tatsache zu hören, dass die eigene Unternehmung gut gedeiht. Wenn Du bei Deinem Bewerbungsgespräch die vielversprechende Firmengeschichte ansprichst, wird sich gute Laune von ganz alleine einstellen und das ist ein sehr wichtiger Faktor, der Dich weiterbringen kann.

Gebe an - neue Impulse zu setzen

Die Firma wünscht, dass mit einer Neubesetzung der Stelle neue Impulse kommen. Sprich diese neuen Impulse auch an. Es mag für

Dich jetzt vielleicht ein wenig übertrieben klingen, aber erwähne direkt, was Du mit Deiner Arbeitskraft für die Unternehmung zu leisten bereit bist. Erwähne auch, in welches zukünftige Projekt Du Dich einbringen kannst. Sprich dabei von dem Unternehmen und welchen positiven Aspekt das Unternehmen dadurch erzielen kann. Folgende Aussage klingt für viele Unternehmensleiter wie Musik in den Ohren: „Ich kann für Sie und Ihr Unternehmen folgende Leistungen bieten, von denen die Unternehmung profitieren kann."

Sei ein aktiver Zuhörer bei Deinem Vorstellungsgespräch

Achte darauf, dass Du ein aktiver Zuhörer bist. Du kannst eine Zusicherung während des Gespräches abgeben, die besagt, dass Du verstanden hast, auf was es der Unternehmensführung ankommt. Jeder Bewerber sollte bei seinem Vorstellungsgespräch in der Lage sein, seinem Gegenüber aufzuzeigen, dass er klar verstanden hat, um was es diesem im Grunde geht.

Schenke auch einmal ein passendes Kompliment

Du kannst anklingen lassen, dass Du es sehr gut empfunden hast, dass sich das Unternehmen so intensiv mit Deiner Bewerbung auseinandergesetzt hat und dass Du der Meinung bist, die Wertschätzung der Mitarbeiter werde in diesem Unternehmen großgeschrieben. Das schmeichelt jedem Firmen- und Personalchef. Dennoch muss es ein ernst gemeintes Kompliment sein, das in Folge auch so ankommt. Nicht alle Unternehmen lassen sich auf jeden ihrer Bewerber voll und ganz ein, darum ist es wichtig, das im Anschluss an das Vorstellungsgespräch auch lobend zu erwähnen. Damit sammelst Du Pluspunkte.

Der erste Eindruck zählt – Darum achte auf Deine Körpersprache

Es gibt dabei bestimmte Regeln, die einzuhalten sind. Denn die richtige Gestik ist ein ganz entscheidendes Instrument, um Dich näher einzuordnen. Es gibt viele kleine Gesten, die Du vielleicht ganz unbewusst setzt. Du spielst mit Deinem Ring, richtest Deine Haare oder kratzt Dich im Gesicht.

Verschränke bei Deinem Vorstellungsgespräch nicht die Arme

Warum? Gegenfrage! Verschränkst Du auch Deine Hände, wenn Du mit Deinen Freunden zusammen bist? Nein, tust Du nicht! Darum lass es auch bei diesem wichtigen Gespräch. Denn wer seine Hände verschränkt, will eigentlich damit andeuten, dass er sich nicht offen dem anderen gegenüber zeigt. Also keine Arme vor der Brust! Wer die Hände auf den Tisch legt, der sollte darauf achten, dass die Hand am Tisch keine Abwehrhaltung einnimmt, sondern dass sie offen auf der Tischplatte liegt.

Fahre Dir nicht immerfort in die Haare

Gerade Frauen haben die Angewohnheit, dass – wenn sie nervös und aufgeregt sind – sie sich ständig an den Haaren herumzupfen. Unterlass das bei Deinem Vorstellungsgespräch. Denn das deutet auf Deine Aufregung hin. Selbstsichere Menschen machen das nicht. Wer nicht als unsicher gelten möchte, der lässt die Hände von seinen Haaren und vom Gesicht. Auch bei Männern kann das genau beobachtet werden. Wenn Männer nervös sind, dann spielen sie mit ihrem Bart oder fahren mit ihren Händen immer darin herum. Lass das sein! Meist sind es die Hände, die Auskunft über die Anspannung der Bewerber geben. Können sie nicht stillgehalten werden, verraten sie die Nervosität des Bewerbers. Die Hände, die immerfort in Bewegung sind, verraten, was mit dem jeweiligen Bewerber los ist. Die Hände dürfen ruhig und offen auf dem Tisch ihren angemessenen Platz finden.

Zeige Dich offen, rede gut verständlich und nimm die Hand vom Mund. Es kann von Deinem Gegenüber so gedeutet werden, als möchtest Du die Worte, die Du soeben ausgesprochen hast, wieder zurücknehmen.

Der fehlende Blickkontakt

Nutze die Wirksamkeit des Augenblicks für Dich. Das kannst Du aber nur dann erreichen, wenn das Spiel mit den Augen beginnt und Blickkontakt gehalten wird. Die Unsicherheit wird meist durch den gesenkten Blick gedeutet. Wer den Blick abwendet, wenn ihm eine heikle Frage gestellt wird, gibt klar zu verstehen: Ich bin unsicher und möchte nicht näher auf eine solche Fragestellung eingehen. Wer etwas in seinem Vorstellungsgespräch zu verbergen hat, der wendet kurzerhand den Blick ab. Die Person will nun mit dieser Frage nicht konfrontiert werden, deshalb wird der Blickkontakt nicht mehr aufrecht gehalten. Vielleicht kommt auch auf Dich die eine oder andere Frage zu, die Dir unangenehm ist. Versuche dennoch den Blickkontakt so gut es geht zu halten. Wer den Blickkotakt unterbricht, weil eine unangenehme Frage im Raum steht, der lässt sich einfach in die Karten schauen und dein Gegenüber wird versucht sein, bei dieser einen Frage nachzubohren. Es sollte immer ein Gespräch auf Augenhöhe sein, in dem Du viel von Deinem Gesicht zeigst. Der Blick sollte nicht von unten kommen, denn Menschen, die offen zu einem Vorstellungsgespräch gehen, suchen den Blickkontakt auf Augenhöhe.

Eine aufrechte Körperhaltung ist entscheidend

Zurücklehnen kannst Du Dich in Deinem heimischen Wohnzimmer, wenn alles vorbei ist. Aber vorher halte an einer korrekten Körperhaltung fest. Lehnst Du Dich bei Deinem Bewerbungsgespräch in Deinem Sessel zurück, sendest Du von ganz alleine ein Zeichen von Arroganz und das kommt bei einem Vorstellungsgespräch niemals gut an. Wenn Du von Dir selbst überzeugt bist, dann ist das gut, aber strahle dabei nie eine gewisse Arroganz aus, denn sonst wirkst Du auf Dein Gegenüber schnell überheblich. Darum sei Dir geraten: Lege Deine Hände auf den Tisch, halte den Oberkörper gerade und beuge diesen ein wenig nach vorne. Eine solche Stellung zeigt Dein Interesse für das Gespräch auf. Wichtig dabei ist, dass Du die gesamte Sitzfläche in Anspruch nimmst, denn das streckt Deinen Oberkörper.

Die richtige Körpersprache lässt Dich bei Deiner Selbstpräsentation erfolgreicher wirken

Eine ideale Körpersprache kann nur erreicht werden, wenn die innere Festigkeit gegeben ist. Darum ist es wichtig, sich entsprechend auf das Vorstellungsgespräch vorzubereiten und umgehend bei der Begrüßung zu überzeugen. Darum zapple, fummle und fuchtle nicht. Zeige Dich interessiert an Deinem Gegenüber. Dabei darf auch ein freundliches Lächeln nicht fehlen. Die Körpersprache muss mit der Selbstpräsentation harmonieren können. Denn die Körpersprache kann jede Selbstvorstellung verstärken, aber sie kann sie auch unglaubwürdig machen. Ist die Selbstpräsentation auch noch so gut gestaltet, aber mit der Körpersprache nicht stimmig, verliert sie ihren Reiz. Darum gib Dir Mühe, dass Deine Körpersprache Deine Selbstpräsentation positiv unterstützt. Wer das schafft, gewinnt schnell das Interesse seiner Zuhörer. Wirke dabei ehrlich und authentisch. Deshalb spare mit Deinen Gesten und nimm eine ruhige und gelassene Körperhaltung ein.

Nervosität beim Vorstellungsgespräch

Das ist keine Seltenheit! Denn jeder Bewerber zeigt sich in irgendeiner Form aufgeregt, wenn er zu einem Bewerbungsgespräch eingeladen wird. Du bist da wahrlich keine Ausnahme. Aber je nervöser Du auftrittst, umso mehr falsche Zeichen setzt Du mit Deiner Körpersprache. Das wirkt sich wiederum auf Deine Selbstpräsentation und in Folge auf das ganze Vorstellungsgespräch aus, deshalb versuche Deine Nervosität so gut es geht in den Griff zu bekommen. Auch wenn bereits der nasse Schweiß auf der Stirn steht und das Herz bis zum Hals schlägt, heißt es Ruhe bewahren und für die nötige Gelassenheit sorgen.

Keine zu hohen Erwartungen

Nur wenn Dir eine Angelegenheit – wie das Vorstellungsgespräch – sehr wichtig ist, kommt das Lampenfieber von ganz alleine. Wer sehr hohe Selbstansprüche an die eigene Persönlichkeit stellt, der hat auch mit einer sehr hohen Nervosität zu kämpfen. Ideen kreisen Dir durch den Kopf: Was ist, wenn ich mich verspreche, was ist, wenn ich den Faden im Gespräch verliere? Daher stelle nicht zu übertriebene Ansprüche an Dich selbst und lass solche Fragen erst gar nicht aufkommen. Du darfst bei Deinem Vorstellungsgespräch durchaus auch kleine Fehler machen, denn es wird nicht jedes Wort bei diesem Gespräch auf die Goldwaage gelegt. Der Gesamteindruck muss stimmig sein.

Auf bisherige Stärken aufbauen

Überlege Dir, wo Deine Stärken im Gespräch liegen und baue diese aus. Denn jeder weiß von sich selbst am besten, mit welchen Argumenten er in einem Gespräch bereits am meisten überzeugen konnte. Bringe diese Argumente noch einmal in Erfahrung und rufe sie Dir ins Gedächtnis. Die positive Energie, die bei einer solchen

Überlegung entsteht, wird dafür sorgen, dass sich die Nervosität ganz schnell legt.

Wer sein eigenes Vorstellungsgespräch trainiert, gewinnt an Sicherheit

Spiele das Vorstellungsgespräch im Rollenspiel zu Hause bereits in Gedanken durch. Wie wird es laufen? Dabei erhältst Du auch ein Training, um selbstsicherer zu wirken. Das erste Vorstellungsgespräch braucht bestimmt einen zweiten oder dritten Anlauf, damit Du so halbwegs zufrieden gestimmt bist. Je mehr Du in Deinem Rollenspiel aufgehst, umso besser wirst Du auch im realen Vorstellungsgespräch überzeugen können. Es klingt jetzt vielleicht etwas banal für Dich, aber je häufiger Du das Rollenspiel in Gedanken durchspielst, umso gelassener wirst Du. Du wirst ruhiger und auch Fragen, die bislang noch nicht im Kopfkino durchgespielt wurden, werden es nicht schaffen, Dich aus der Bahn zu werfen.

Lächle und die Welt lacht mit Dir

… ein alter Spruch mit einer besonderen Aussagekraft. Darum lächle! Mag die Situation, in der Du Dich gerade befindest, auch noch so anstrengend und nervenaufreibend sein, mit einem einfachen Lächeln geht vieles leichter. Positive Energien werden auch dann frei, wenn die Gedanken eine positive Anordnung finden. Denke einfach daran, dass Du die gewünschte Stelle schon bekommen hast und sich die Firmenbelegschaft für Dich entschieden hat. Das führt schon im Vorfeld zu einer gewissen inneren Sicherheit und die Realität, dass es wirklich so ist, ist dann nicht mehr ganz so weit entfernt. Glaube an die selbsterfüllende Prophezeiung, von der Du sicher schon gehört hast. Auch weltbekannte Sportgrößen tun das. Zeigen sie sich nervös, wird ihnen nahegelegt, das Ziel vor Augen zu sehen und genauso musst Du es auch machen.

Soll die Nervosität im Vorstellungsgespräch angesprochen werden?

Oder ist Stillschweigen die bessere Methode? Eine sehr entscheidende Frage! Du wirst Dir jetzt vielleicht denken: Ehrlichkeit währt am Längsten. Doch kaum wird Deine Nervosität beim Namen genannt, nimmt sie gleich zu Beginn des Gespräches einen sehr hohen Stellenwert ein. Darum versuche Deine Nervosität durch die vorher angesprochenen Ratschläge loszuwerden. Sollte dann noch ein Rest an Nervosität vorhanden sein, werden die Menschen, die Dich vorher noch nicht kennengelernt haben, diese gar nicht bemerken. Wenn man Dir das Lampenfieber ansieht und Dir die Knie schlottern, dann sprich die Nervosität kurz an. Dieses Thema darf sich dann noch unter den Small Talk reihen. Wenn man Dir die Nervosität nicht schon von Weitem ansieht, dann wird diese i.d.R von fremden Menschen nicht wahrgenommen. Unterlass es dann, d.h. sprich dann die Nervosität in Folge nicht an und behalte Dein Lampenfieber für Dich. Ein wenig Lampenfieber hat noch keinem Bewerbungsgespräch geschadet; es zeigt nur, wie ernst Du diese Sache nimmst und das Dir etwas an dem Job liegt. Es wird Dich dazu anregen, in Topform bei Deinem Vorstellungsgespräch aufzulaufen. Denn meist ist es so: Steigt der Stresspegel an, steigt auch die eigene Dynamik, Du wirst wachsamer und hellhöriger. Zwei ganz wichtige Aspekte, die bei einem Bewerbungsgespräch nur nützlich sein können.

Welcher Kleidungsstil ist der richtige?

Den Spruch „Kleider machen Leute" kennen wir doch alle! Auch beim Vorstellungsgespräch ist an dieser einfachen Aussage etwas dran. Der richtige Kleidungsstil bei einem Vorstellungsgespräch hat Eleganz. Aber wie setzt sich Eleganz zusammen? Giorgio Armani hat die Frage einmal folgend beantwortet: „Eleganz heißt nicht, ins Auge zu fallen, sondern im Gedächtnis zu bleiben." Und genauso muss Dein Kleidungsstil sein! Die perfekte Kombination aus gepflegtem Auftreten und natürlicher Ausstrahlung. Eleganz muss stets natürlich wirken und nie aufgesetzt.

Stil und Eleganz zeigen beim ersten Vorstellungsgespräch – Darauf kommt es an

Wer zu einem Vorstellungsgespräch kommt, der repräsentiert die eigene Persönlichkeit, denn darum geht es in einem Vorstellungsgespräch. Das heißt: Damit der Gesamteindruck stimmig ist, sollte auch der Kleidungsstil richtig gewählt sein. Noch bevor Du über Dich mehr preis gibst, nimmt man Dich über die Kleidung und die Körperhaltung wahr. Darum darf dem Äußeren besondere Aufmerksamkeit geschenkt werden. Die gesamte Garderobe darf stimmig aufeinander sein. Das fängt bei der Kleidung an und hört bei den Haaren auf. Die gewählte Kleidung darf Deinem Typ entsprechen, ihm schmeicheln.

Guter Geschmack und Anmut ist bei einem solch wichtigen Termin wie dem Vorstellungsgespräch immer gefragt. Darum schadet es nicht, statt zur ausgebeulten Jeanshose zu einer schicken schwarzen Hose zu greifen. Die lässt sich mit einem weißen Hemd bzw. der weißen Bluse wunderbar kombinieren.

Die jeweilige Branche gibt den Kleidungsstil ja bereits vor

Natürlich spielt auch die Branche des Unternehmens eine entscheidende Rolle dabei, wie sich der Kleidungsstil zu entfalten hat. Wer sich bald zu den Freigeistern und Künstlern zählen darf, der darf einen extravaganteren Kleidungsstil wählen. Wenn es um ein Vorstellungsgespräch als Versicherungskaufmann geht, dann führt kein Weg vorbei an einem noblen Business-Outfit. Der Mann schlüpft in einen dunklen Anzug, während die Dame ein schickes Kostüm überzieht. Frage Dich – bevor Du einen Blick in Deinen Kleiderschrank wirfst – für welchen Job Du Dich beworben hast und wähle dann die passende Kleidung dazu aus. Auch die Position ist ein ganz entscheidender Faktor bei der Kleiderwahl. Eine Führungskraft kleidet sich der Position angemessen.

Der Kleidungsstil des Mannes bei einem Vorstellungsgespräch

Willst Du Dich in einem handwerklichen Beruf bewerben, darf die Kleidung hierfür auch etwas legerer und lässiger ausfallen. Ein weißes, gebügeltes Hemd und eine Jeans, die weder ausgewaschen ist noch Löcher aufweist, sollte dann Deine 1. Wahl sein. Wenn Du aber eine leitende Position besetzen möchtest, dann musst Du Deinen Anzug mit Sakko aus dem Kleiderschrank holen. Je höher die Position, desto höher müssen die Ansprüche an den eigenen Kleidungsstil sein. Eine Krawatte ist Pflicht, wenn es um eine Führungsposition geht.

Der Kleidungsstil der Frau bei einem Vorstellungsgespräch

Was gibt der Kleiderschrank der Frau her? Bestimmt eine Menge und die Frau hat auch die Qual der Wahl, auf welche Kleidung sie zurückgreift. Ob Hosenanzug oder Kostüm im Business-Bereich – das spielt keine Rolle. Handelt es sich um einen Fachbereich, egal ob Handel, Friseur oder die Produktion, kann man sich bei der Wahl des Kleidungsstils frei entfalten. Es sollte nur darauf geachtet werden, dass die Farben miteinander harmonieren. Kleidung, Schuhe, Haare und Make-up müssen zusammenpassen. Natürlich darf auch ein kleines Kettchen und die passenden Ohrringe getragen werden. Wichtig ist dabei, dass die Dame authentisch wirkt und auf keinen Fall gekünstelt. Die Kleidung sollte der Figur schmeicheln und nicht zu viel Dekolleté zeigen. Wer einen Rock bei seinem Vorstellungsgespräch auswählt, sollte auf seine Länge achten. Bei der Farbgestaltung der Kleidung gilt zu sagen, dass der Kleidungsstil nicht zu schrill sein sollte; er sollte sich auf drei Farben beschränken.

Die Schuhe nicht vergessen

Auch sie sind ein wichtiger Teil der Bekleidung, wenn ihnen auch oft eine stiefmütterliche Rolle zugesprochen wird. Aber die Schuhe runden das perfekte Gesamtbild des Bewerbers ab. Darum achte immer darauf, dass Du die richtigen Schuhe trägst. Auch das schickste Outfit verliert an Eleganz, wenn Deine Füße in Turnschuhen oder zu sportlichen Sneakers stecken. Schuhe sollten immer mit dem Kleidungsstil harmonieren. Sie sollten auf keinen Fall alt und abgetragen sein. Zudem sollten sie ordentlich gepflegt sein. Gepflegte Schuhe und ein schön glänzendes Leder erwecken einen guten Eindruck. Also das Putzen der Schuhe vorab macht sich bezahlt, denn ein erfahrener Personalchef wirft auch einen kurzen Blick auf das Schuhwerk. Wie ist es mit der Absatzhöhe bei den Frauen bestellt? Hohe Schuhe wirken sexy – keine Frage. Aber die schönsten Stöckelschuhe nützen nichts, wenn sich die Frau darin nicht leichten Schrittes bewegen kann. Zudem darf an Absatzhöhe bei einem Vorstellungsgespräch gespart werden. In der Regel reichen Schuhe, die einen Absatz von rund 4 cm aufweisen. Wenn die Dame dann vor ihrem Schuhschrank steht, sollte sie auf geschlossene Schuhe zurückgreifen, denn sie machen einfach einen seriöseren Eindruck.

Das passende Make-up und die passenden Haare

Das Make-up gibt sich zurückhaltend und dem Typ entsprechend. Auch mit Parfum darf sparsam umgegangen werden.

Die Hochsteckfrisur ist immer ein Garant für eine gut gewählte Haargestaltung. Sie wirkt um vieles eleganter, als wenn das Haar einfach offen getragen wird. Daher stecke Dein Haar hoch oder binde es dekorativ zusammen. Eine schöne Flechtfrisur verfehlt seine Wirkung nicht.

Wie steht es um den Bart?

Sollte der Mann bei seinem Vorstellungsgespräch den Bart abmachen? Ist der Bart stimmig zur Frisur und Du trägst immer einen Bart, dann lass ihn. Er entspricht Deiner Persönlichkeit. Je länger und ungewöhnlicher die Gestaltung Deines Bartes, umso souveräner muss Dein restliches Erscheinungsbild sein.

Egal, ob 3-Tage-Bart, 5-Tage-Bart oder Vollbart, achte einfach darauf, dass er gepflegt und gestylt wirkt. Kanten im Bart sind nicht erlaubt, die Konturen sollten vorab einer sauberen Rasur unterzogen werden. Also lass Deinen Bart dran, wenn er Deine Persönlichkeit unterstreicht und zu Deinem Äußeren gehört.

Eleganz in jeder Branche – Eleganz auf Dich abgestimmt

Egal, was Du Dir nun aus Deinem Kleiderschrank aussuchst, achte darauf, dass ein authentisches Gesamtbild entsteht und Du Dich in Deiner Kleidung wohl fühlst. Nur wenn der Wohlfühlfaktor bei der Auswahl der Kleidung gegeben ist, wirst Du Dich entsprechend entfalten können, wenn Du Dein Outfit anziehst. Um noch einmal auf eine bekannte Aussage von Karl Lagerfeld zurückzukommen: „Eleganz ist weder eine Frage der Garderobe noch des Geldbeutels." Nutze diese einfache Aussage für Dich.

Sei Dir bewusst, dass der künftige Arbeitgeber in sozialen Netzwerken nach Dir sucht

Jeder von uns ist bereits in der virtuellen Welt auf unterschiedlichen Plattformen vertreten. Bist auch Du in den bekanntesten Netzwerken wie Facebook, Google+ oder Twitter unterwegs? Um dabei sein zu können, musstest Du vorab ein persönliches Profil von Dir erstellen. Dieses Profil enthält in der Regel ein Foto von Dir. Es erzählt von Deinen Hobbys und Interessen. Zudem kannst Du Bilder posten, die Dir gefallen, und Sprüche und Videos online stellen, die andere Personen mit Dir teilen.

Du hast schon viele Likes, die den Daumen hochhalten und behaupten: „Gefällt mir". Hoffentlich zeigt der Daumen auch noch nach oben, wenn die Unternehmensführung Dein Profil genauer unter die Lupe nimmt. Durch die sozialen Netzwerke kannst Du an Sympathie gewinnen. Aber ebenso kannst Du an Sympathie beim vielleicht zukünftigen Arbeitgeber verlieren. Nämlich dann, wenn ein Profil nicht souverän erstellt wurde.

Jedes noch so gute Vorstellungsgespräch erhält einen bitteren Beigeschmack, wenn das persönliche Gespräch leider so gar nicht zum Auftritt bei Facebook, Twitter und Co passt. Ein Werbespot besagt bereits: „Prüfe Dein Profil, bevor es andere tun." Genau das will Dir dieses E-Book mit auf den Weg geben. Denn laut Statistik überprüfen 59 % der Personalchefs die erstellten Online-Profile der Bewerber. 16 % luden bereits Bewerber wegen einer schlechten Online-Darstellung im Netz aus. Also lass es nicht so weit kommen. Überlege kurz – was machst Du, wenn Du Infos von einer noch unbekannten Person herausfinden möchtest? Du suchst nach dieser Person in den sozialen Netzwerken! Hast Du diese Person dann gefunden, wirst Du ihr Profil genau studieren und Du formst Dir dabei bereits ein Bild über diese Person. Das Kopfkino rattert und Du machst Dir Gedanken zu dem Profil und zur Person. Genauso machen es die Firmen- und Personalchefs des Landes. Darum achte im Netz genau darauf, was Du von Dir preis gibst. Sind Partybilder von Dir gepostet, müssen sie nicht zwangsweise zum Aus Deiner Bewerbung führen, aber eines steht mit Gewissheit fest: Ausgelassene Partybilder polieren das Image eines Bewerbers auch nicht auf. Jedes Unternehmen legt großen Wert darauf, dass der künftige Arbeitnehmer souverän in den digitalen Kommunikationsplattformen vorgeht und dass er auch gut vernetzt ist. Schließlich bildet das Internet einen Blick in das unendliche Universum mit all seinen Möglichkeiten.

Wer also einen souveränen Auftritt im Netz zu bieten hat und in den unterschiedlichen sozialen Netzwerken gut aufgestellt ist, für den kann das sogar ein großer Nutzen sein bei seinem beruflichen Werdegang. Sieh Deinen Auftritt im Word Wide Web als Selbstvermarktung an und gestalte diesen entsprechend.

Die richtige Recherche über den Arbeitgeber

Nicht nur Du gibst Daten von Dir im Netz preis, sondern meistens auch der Arbeitgeber, bei dem Du Dein Vorstellungsgespräch hast. Auch Du sollst Dir vorab über das Unternehmen diverse Informationen einholen.

Warum es wichtig, sich über das Unternehmen Informationen einzuholen?

Eine Recherche auf eigene Faust muss sein. Zum einen erfährst Du viel über den Arbeitgeber und kannst mit diesem Wissen bei einem Vorstellungsgespräch punkten. Zudem sind es oft persönliche Erfahrungen von Mitarbeitern, die auf diversen Foren gepostet werden. Auch diese bringen Dich weiter und lassen einen Einblick in die firmeninterne Gestaltung zu.

Je ausführlicher Du Dich im Netz über das Unternehmen informierst, umso mehr Nutzen kannst Du in Folge daraus ziehen.

Wer ausgiebig recherchiert, kann zudem bereits im Vorfeld ausfindig machen, ob die Unternehmung für die eigene Persönlichkeit passend ist oder nicht.

Zudem ist es immer wichtig, mehr über die Kultur und Philosophie des Unternehmens herauszufinden. Jedes Unternehmen stellt sich anders dar und anhand dieser Darstellung im Internet kann bereits herausgefunden werden, welches Credo die Firma hat. Sich diesem Credo überzeugend anzuschließen – darauf kommt es für den Bewerber an. Jedes Unternehmen ist auf der Suche nach Mitarbeitern, die eine ähnliche Denkweise haben.

Für Dich ist es in erster Linie wichtig, dass Du weißt: Was macht die Firma? Wer ist Dein Gegenüber im Gespräch? Vielleicht kannst Du auch mehr im Internet über die Firmenleitung herausfinden. Noch einmal zur Frage: Warum es wichtig, sich über das Unternehmen Informationen einzuholen? Nur wer Recherchearbeiten anstellt, wird die Unternehmenskultur kennenlernen und kann sein Interesse über die Firma kundtun und in Folge wichtige und vor allem sinnvolle Fragen stellen.

Wie ist die Recherche zu führen?

- Am einfachsten ist es, Du besuchst die Webseite der jeweiligen Firma.

- Du kannst gerne auch auf weitere Medien wie Zeitungen und Fernsehen zurückgreifen.

- Wenn Du Bekannte hast, die bereits im Unternehmen tätig sind, dann stelle diesen doch wertvolle Fragen.

- Zudem bleibt noch die Suchmaschine, die Dir Wissen über die Unternehmung vermitteln kann.

Was solltest Du nach Deiner Recherche unbedingt wissen?

Die Größe des Unternehmens und in welcher Branche es zu finden ist. Was macht das Unternehmen und welche Philosophie verfolgt es? Welche Kunden hat die Unternehmung? Welche Thematik beschäftigt das Unternehmen aktuell? Wenn Du mit dem Wissen punkten kannst, was aktuell die Unternehmung bewegt, dann wirst Du es schaffen, dass Du damit den Personalchef beeindrucken kannst. Denn so signalisierst Du automatisch, dass Du Dich bereits mit dem Unternehmen ausreichend beschäftigt hast und Dich gut einbringen kannst.

Vorbereitung auf typische Fragen

Es gibt Fragen, die grundlegend bei jedem Vorstellungsgespräch gestellt werden, und meist wiederholen sich diese Fragestellungen immer wieder.

Damit diese 3 Fragen souverän gemeistert werden, gibt es die passenden Hilfestellungen dazu.

Klassiker Nr. 1 – Warum haben Sie sich in unserem Unternehmen beworben?

Eine herkömmliche Antwort darauf lautet: Weil das Unternehmen gut aufgestellt ist und gute Sozialleistungen bietet.

Die passende Antwort darauf muss aber auf das Unternehmen abzielen und darum ist es wichtig zu wissen, was in der Stellenanzeige gefordert wird. Diese Anforderungen machst Du Dir bei dieser Antwort zunutze. Du erzählst, dass Du genau diesen Anforderungen in der Stellenausschreibung gerecht wirst und gibst im Anschluss die passende Begründung dazu ab, warum das so ist. Ein abschließender Satz hierfür könnte sein: **Meine bisherigen**

Erfahrungen werden für Ihr Unternehmen gewinnbringend sein, weil …

Du musst die Vorteile des Unternehmens bei der Beantwortung der Fragen immer wieder hervorheben.

Klassiker Nr. 2 – Bennen Sie uns Ihre Schwächen?

Es ist nicht schlimm, Schwächen zuzugeben. So nenne Deine Schwächen. Es dürfen Schwächen genannt werden, die nicht mit der ausgeschriebenen Position in Verbindung gebracht werden können. Benenne Deine Schwächen, ohne Dich ins Abseits zu stellen. Es gibt Schwächen, die können sogar Nutzen bringen. Dazu gehören:

Der hohe Selbstanspruch an die eigene Persönlichkeit

Ein Unternehmen kann von einem Mitarbeiter, der einen hohen Selbstanspruch an seine Persönlichkeit stellt, nur profitieren. Wenn Du den hohen Selbstanspruch nennst, Deinen übertriebenen Ehrgeiz hervorhebst, dann handelt es sich hierbei eigentlich um eine Deiner Stärken, die Dich im Berufsleben vorangebracht haben, Du verpackst diese Stärke aber als Schwäche und kannst daher für Dich punkten.

Es dürfen auch Schwächen genannt werden, die schon längere Zeit zurückliegen

Wer in das Berufsleben einsteigt, der zeigt sich meist ungeduldig. Diese Eigenschaft wird nach und nach mit den Jahren abgelegt. Das kann als Schwäche gedeutet werden, die aber immer mehr im Abklingen ist. Denn jede Schwäche ist verwandelbar. So darf auf die Frage: Benennen Sie uns Ihre Schwächen – eine kleine Geschichte erzählt werden, die auf die persönliche Entwicklung Deiner Person eingeht. Zwischen Deinen Schwächen früher und heute darf immer wieder eine gekonnte Brücke gebaut werden, denn das wirkt authentisch und spricht für Deine Person.

Es dürfen Schwächen ehrlich genannt werden, aber dafür bedarf es immer auch einer Lösung. Eine Schwäche kann sein, dass Du nicht der geborene Redner bist. Aber das Du hierfür bereits Seminare besucht oder Dich dem Thema in diversen Büchern gewidmet hast. Das wirkt sympathisch und rückt Dich in Deinem Vorstellungsgespräch gleich in ein anderes Licht.

Schwächen, die für die Unternehmung nicht von Bedeutung sind

Wenn die Schwäche, die Du ansprichst, keine Bedeutung auf die ausgeschriebene Stelle hat, dann ist das auf jeden Fall von Vorteil für dich. Denn so zeigst Du Stärke – indem Du Deine Schwächen offen eingestehst. Schwächen, die aber für das Unternehmen keine tatsächlichen Schwächen sind. Gerne werden bei einem solchen Beispiel immer bestimmte Sprachkenntnisse angeführt. Dazu könnte die Antwort folgend lauten: „Früher beherrschte ich die italienische Sprache sehr gut, aber mit den Jahren, in denen ich kaum Italienisch gesprochen habe, nahmen auch meine Sprachkenntnisse ab." Eine einfache Erklärung, die ein jeder nachvollziehen kann.

Schwächen, die nicht als solche ausgelegt werden

Dazu gehören die Schwäche für Süßes, die Schwäche für einen bestimmten Verein, die Schwäche, in einem bestimmten Hobby voll und ganz aufzugehen und dabei schwach zu werden. Im Grunde zählst Du damit nur Deine persönlichen Vorlieben auf, die Dir kein Unternehmen der Welt anlasten kann.

Wenn es um Deine Schwächen geht, versuche immer Schwächen zu nennen, mit denen das Unternehmen gut leben kann oder die man nicht als Schwäche ansieht. Wer eine ehrliche Schwäche anspricht, darf auch den entsprechenden Lösungsansatz dazu liefern. Wichtig ist noch, dass Du bei der Benennung Deiner Schwächen authentisch bleibst. Sie müssen ehrlich und nicht auswendig gelernt rüberkommen. Glaubwürdigkeit hat bei einem Vorstellungsgespräch oberste Priorität. Also komm glaubwürdig rüber, egal welche Frage Dir gestellt wird.

Klassiker Nr. 3 – Worum sollte das Unternehmen gerade Dich aufnehmen?

Da hilft Dir die eigene Recherche über die Firma weiter. Denn Du weißt, welches neue Projekt gerade in Angriff genommen wird und welche Kultur und Philosophie hinter dem Unternehmen steckt. Mache Dir dieses Wissen zu Nutze und baue es in Deine Antwort ein. Zeige auch auf, dass Du bereit dazu bist, Dich im Unternehmen durch Arrangement und Tatenkraft weiterzuentwickeln. Eine passende Antwort könnte sein: Ich befasse mich schon sehr lange mit dieser Thematik, die in der Stellenausschreibung gefordert wird, kann daher genügend Hintergrundwissen mitbringen, dass anhand meiner neuen Ideen zusätzlich aufgewertet wird. Die zusätzlichen Aufwertungen müssen bereits im Vorfeld gut überlegt werden. Der Vorteil, den das Unternehmen hat, weil sie gerade Dich einstellen, muss bei dieser Frage wiederum im Fokus stehen. Denn die Unternehmung sollte die Beteiligung Deiner Persönlichkeit an ihrem Unternehmen als Gewinn ansehen.

Auch wenn Berufseinsteiger mit ihrer fachlichen Kompetenz noch nicht überzeugen können, dann können sie sich die Soft Skills zunutze machen und die passenden Beispiele dazu bringen. Teamplayer sind in einer Unternehmung immer gefragt. Ein guter

Teamplayer mit der passenden Ausbildung und mit neuen kreativen Ideen bringt neue Impulse in das Unternehmen und darauf darfst Du bei der Beantwortung der Frage „Warum sollte das Unternehmen gerade Sie aufnehmen" aufbauen. Gut ist es auch, zu erwähnen, dass die eigene Mentalität eng mit der Philosophie des Unternehmens verbunden ist. Ein passender Abgleich sollte bei den Vorarbeiten zum Vorstellungsgespräch gefunden werden.

Hauptteil 2 – Die richtige Vorbereitung auf das Vorstellungsgespräch

Der klassische Ablauf eines Vorstellungsgespräches

Das Vorstellungsgespräch findet statt, damit ein gegenseitiges Kennenlernen gewährleistet ist. Der Bewerber darf seine Fähigkeiten und Qualifikationen aufzeigen. Es dürfen gegenseitig Fragen gestellt werden, damit nach Beendigung des Gesprächs feststeht, ob der Bewerber zum Unternehmen passt oder nicht.

Wann nimmt das Vorstellungsgespräch seinen Anfang? Bereits dann, wenn Du Dich auf den Weg dahin machst und darauf achtest, dass Du pünktlich bist. Denn Pünktlichkeit hat absolute Priorität. Es macht sogar Sinn, wenn Du Dich ein paar Minuten vor dem Gespräch beim Unternehmen einfindest. Achte auf diesen Zeitpuffer; er sollte aber auch nicht ausgeweitet werden. Denn sonst wirst Du noch nervöser und kannst die Zeit kaum überbrücken, bis es endlich soweit ist.

Ein Vorstellungsgespräch ist in der Regel in einzelne Phasen unterteilt:

Phase 1 – Die Begrüßung

In der Regel gilt zur Begrüßung zu sagen, dass ein Abstand von einer Armlänge bei der Begrüßung mit der Hand eingehalten werden sollte. Der Händedruck darf ruhig etwas fester sein. Blickkontakt sollte bei der Begrüßung gegeben sein, der mit einem freundlichen Lächeln unterstützt wird. So ist schon einmal ein guter Anfang geschafft.

Phase 2 – Small Talk

Nach der Begrüßung wird zum legendären Small Talk gewechselt. Verlass Dich beim Small Talk – dem leichten Reden – nicht nur auf Deine Spontanität. Sondern lege Dir zu Hause bereits die passenden leichten Worte parat. Es ist gut, wenn Du auf die nähere Umgebung eingehst, in der das Unternehmen angesiedelt ist. Auch der Wetterklassiker kann dafür genutzt werden, um das leichte Reden voranzutreiben. Beim Small Talk wird ausgetestet, wie kommunikativ und offen Du auf Deine Gesprächspartner zugehst.

Phase 3 – Die Selbstpräsentation

Bei der Selbstpräsentation ist es sehr wichtig, fachlich sowie auch persönlich Überzeugungsarbeit zu leisten; deshalb dürfen in diesem Teil des Gesprächs die Hard- und Soft Skills gekonnt eingesetzt werden. Jede Selbstpräsentation beginnt mit der klassischen Frage: „Erzählen Sie über sich."

Phase 4 – Vorstellung der ausgeschriebenen Stelle + Unternehmenspräsentation

So erfährst Du mehr über die ausgeschriebene Stelle. Das Arbeits - und Aufgabengebiet wird genau vorgestellt. Es wird der Einarbeitungsprozess näher erläutert. Viele Unternehmen lassen es sich nicht nehmen, eine Präsentation der eigenen Firma abzugeben. Das Unternehmen stellt sich vor, gibt Fakten über sich preis und informiert den Bewerber über die zukünftigen Vorhaben. In der 4. Phase steht die Eigenwerbung auf dem Programm; hierbei ist es wichtig, dass Du bei der Unternehmenspräsentation ganz bei der Sache bist und als aufmerksamer Zuhörer giltst. Viele Bewerber werden dazu verleitet, bereits zu überlegen, was sie als Nächstes sagen möchten. Das ist ein Fehler. In dieser Phase des Vorstellungsgespräches steht das intensive und aufmerksame Zuhören im Vordergrund.

Phase 5 – Die Fragerunde

Nun wird die Fragerunde eingeleitet. Fragen des Personal- bzw. Firmenchefs werden an den Bewerber gerichtet. Bei dieser Runde ist es wichtig, dass die Absicht erkannt wird, die hinter der gestellten Frage steckt. Es ist gut, wenn die Fragen nicht kurzweilig, sondern geschickt beantwortet werden. Hinter jeder Frage versteckt sich instinktiv eine geheime Botschaft, um mehr über die Persönlichkeit des jeweiligen Bewerbers herauszufinden. Auf die berühmten 3 Fragen und die passenden Antworten dazu wurde bereits vorab in diesem E-Book eingegangen.

Phase 6 – Fragen zum Organisatorischen + die Gehaltsfrage

In diesem Abschnitt des Gespräches wird bereits ausführlich über die Stelle und deren Besetzung in Folge gesprochen. Die Fragen befassen sich mit dem möglichen Arbeitsbeginn und den Arbeitszeiten. Auch die Frage des Gehaltes ist für die meisten Bewerber entscheidend. Dabei wirst Du in der Regel gefragt, welches Monats- oder Jahresgehalt Du erwartest. Auch bei der Frage des Gehaltes ist ein wenig Verhandlungsgeschick gefragt. Wichtig ist, einen Betrag zu nennen, der etwas über den eigenen angestrebten Erwartungen liegt, damit ein gegenseitiges kurzes Verhandeln im Raum steht. Wird die Frage des Gehaltes nicht angesprochen, kannst Du mit Geschick darauf hinweisen.

Phase 7 – Fragen des Bewerbers

In der Phase 7 werden die Fragen des Bewerbers von der Unternehmensleitung beantwortet. Diese Fragen kommen zum Schluss, bevor es zum Abschluss des Gespräches kommt. Wenn diese Fragen bereits schon in anderen Phasen des Gespräches geklärt worden sind, müssen bestimmte Fragen nicht in der Phase 7 angesprochen werden.

Phase 8 – Die Verabschiedung

Vielleicht stellt Dir die Firmenleitung zum Abschluss noch die Frage „Können Sie sich vorstellen, dass Sie bei uns anfangen?" oder „Nun wissen Sie mehr über die ausgeschriebene Stelle, könnten Sie sich vorstellen, dass Sie diese besetzen?" Diese Fragen sind ein klares Indiz dafür, dass Du bei Deinem Vorstellungsgespräch sehr überzeugend warst und Du als Neubesetzung in Frage kommst.

Kläre bei der Verabschiedung kurz, bis wann Du eine Rückmeldung vom Unternehmen bekommst und sprich Deinen Dank für die interessante Unterhaltung aus. Folgend kannst Du Dich verabschieden: „Vielen Dank für das interessante Gespräch. Bis wann darf ich mit Ihrer Rückmeldung rechnen?" Somit hast Du eine geniale Verbindlichkeit geschaffen und weißt, bis wann mit einer Antwort zu rechnen ist. Denn solltest Du keine Rückmeldung bis zur vereinbarten Zeit erhalten haben, bist Du am Zug und kannst nachfragen, ob die Entscheidung bereits gefallen ist.

Die einzelnen Phasen des Vorstellungsgesprächs wurden nun aufgezeigt; das heißt aber nicht, dass Dein Bewerbungsgespräch exakt den gleichen Verlauf nehmen wird. Denn jedes Vorstellungsgespräch ist anders und lässt sich in keine Schublade einordnen.

Wie Du den Ablauf Deines Vorstellungsgespräches gut meisterst

Wichtig ist, dass Du höflich und konzentriert bei diesem Gespräch bist. Das fängt damit an, dass Du Dir die Namen Deiner Gesprächspartner merkst und sie auch beim Namen ansprichst. Auch das aufmerksame Zuhören gehört zur Höflichkeit dazu. Was hat die Benachrichtigung, dass Du ein Vorstellungsgespräch hast, bei Dir ausgelöst? Du warst stolz und hast Freude verspürt und genau diese Freude darfst Du auch beim gegenseitigen Kennenlernen aufzeigen. Aber wie kannst Du Deine Freude zeigen, wenn Du von der Nervosität überrannt wirst und eigentlich einen souveränen und eher zurückhaltenden Eindruck liefern möchtest? Dazu die passende Hilfestellung.

Die Begrüßung – Wie diese glückt

Wenn das Ritual der Begrüßung beendet ist, macht es durchaus Sinn, dass Du Dich bedankst. Wie die Begrüßung zu erfolgen hat, weißt Du ja bereits. Du begrüßt nach Hierarchie. Was heißt das noch einmal für Dich? Der Ranghöchste wird als Erster gegrüßt. Bei der Begrüßung muss Blickkotankt bestehen und ein kräftiger Händedruck sollte nicht fehlen.

Nutze die Phase 1 des Vorstellungsgespräches auch, um einen kurzen Dank auszusprechen. Nach der Begrüßung mit Handschlag kannst Du kurz vermerken: Ich möchte mich für die Einladung bedanken und freue mich über das persönliche Kennenlernen. Wer eine solche Aussage gleich am Beginn des Gespräches äußert, zeigt die Freude und Motivation auf. Firmen- und Personalchefs schmeicheln solche Aussagen immer sehr. Wer ein kurzes Dankeschön für die Einladung ausspricht und seine Freude kundtut, der hat bereits am Anfang des Vorstellungsgespräches eine wichtige Brücke gebaut. Wer bei seiner

Begrüßung eine weitere Steigerung wünscht, der gibt folgendes Statement ab: Schön, dass Sie mich zu diesem Vorstellungsgespräch eingeladen haben. Meine Freude darüber ist groß, denn nun kann ich Ihr Unternehmen von meinen Qualifikationen persönlich überzeugen. Ich bin mir sicher, am Ende dieses Gespräches werden wir einen guten Abschluss finden. Wer eine solche Aussage gleich zu Beginn tätigt, der zeigt auf, dass es ihm nicht an Selbstvertrauen mangelt und dass eine ehrliche Freude über das Zusammentreffen besteht.

Die Namen der Gesprächspartner sind wichtig

Wie bereits oben schon einmal erwähnt ist es wichtig, während des Gespräches immer wieder die Gesprächspartner bei ihren Namen zu nennen. Denn egal wie intensiv das Gespräch verläuft, wird der eigene Name ausgesprochen, wird der beim Namen genannte Gesprächspartner aufhorchen. Die meisten Bewerber verzichten darauf, ihre Gesprächspartner beim Namen anzusprechen, obwohl diese kleine – ich nenne es Geste – unerlässlich ist. Einige Bewerber nennen nur den Personalchef beim Namen und übersehen, dass auch noch andere Personen an dem Vorstellungsgespräch beteiligt sind. Wer positiv auffallen möchte, der kennt die Namen seiner Gesprächspartner beim Bewerbungsgespräch und nutzt diese auch.

Bereits beim Small Talk punkten

Small Talk ist dazu da, um mit leichten Worten ins Gespräch zu kommen. Auch bei dieser Phase des Gespräches kannst Du Pluspunkte für Dich sammeln, indem Du kleine Botschaften kundtust. Du kannst auch in diesem Teil des Gespräches schon von Deinen Qualitäten überzeugen. Es kommt sehr gut an, wenn Du auf die Vorzüge des Sitzes des Unternehmens eingehst. Vielleicht hast Du Dir vorab die Stadt und seine Besonderheiten schon ein wenig angesehen. So kannst Du davon in Deinem Small Talk berichten und Deine Gesprächspartner werden erkennen, dass Du ein offener und kulturell begeisterter Mensch bist. Solche Vorzüge kommen immer gut an und überzeugen vorab. Small Talk wird in der Regel oft als der Türöffner des Erfolges bezeichnet. Das wiederum hat natürlich seinen Grund.

Bietet man Dir ein Getränk an – Sag dankend zu

Wird Dir bei Deinem Vorstellungsgespräch ein Getränk angeboten, dann nehme dieses mit einem freundlichen Dankeschön an. Denn Du bist nun der Gast im Unternehmen und wirst als solcher auch gesehen. Da lässt die Frage „Darf ich Ihnen etwas zu trinken anbieten?" nicht lange auf sich warten.

Nimm das gemachte Angebot an und entscheide Dich für ein Getränk. Denn das Annehmen von dieser Gefälligkeit wird als soziale Maßnahme wahrgenommen. Lehne das Angebot nicht ab. Denn so wirkst Du unhöflich und es spricht gegen Deine sozialen Kompetenzen.

Darum ist die richtige Antwort: „Ja, sehr gerne, ich nehme einen Kaffee bzw. ein Wasser."

Wenn Dir ein Getränk bei Deinem Vorstellungsgespräch angeboten wird, ist das ein klares Zeichen davon, dass das Unternehmen um Deine Person bemüht ist. Wer bei der Getränkefrage eine ablehnende Haltung einnimmt, sendet Signale aus, die dahin gehen, dass der Bewerber wieder froh ist, wenn er diese Sache hinter sich gebracht hat und der Bewerber stellt dabei die Höflichkeit hintenan.

Nimm also das angebotene Getränk dankend an und nimm immer wieder mal einen Schluck während des Gespräches.

Zeige Empathie gegenüber Deinen Gesprächspartnern

Sei deshalb immer ein aktiver Zuhörer im Vorstellungsgespräch. Setze Dich also nicht mit Deinen Gesprächspartnern an einen Tisch und lass sie einfach erzählen, sondern beteilige Dich aktiv immer wieder am Gespräch. Dazu gehört, dass Du auch wiederholst, was die Gesprächspartner von sich geben und Du ihre Argumente zu Deinen werden lässt. Denn wenn Du etwas wiederholst, erhält der Gesprächspartner den Eindruck, dass Du ihm tatsächlich zugehört hast. Wenn Du seine Argumente dann auch noch teilst, bist Du mit ihm automatisch auf einer Wellenlänge. So erweckst Du Interesse und Deinen Gesprächspartnern wird umgehend klar: Der Bewerber folgt meinen Worten und er versteht mich. So fühlt sich die Unternehmungsleitung, die dieses Gespräch mit Dir führt, ernst genommen und verstanden. Wer ein aktiver Zuhörer ist, dem gelingt es besser, auf seine Gesprächspartner einzugehen. Es macht durchaus Sinn, dass Du am Ende des Gespräches noch einmal in eigenen Worten zusammenfasst, was von Dir als neuem Mitarbeiter gefordert wird. Wenn Du dann noch den einen oder anderen Lösungsansatz bieten kannst, dann verfehlst Du als Bewerber Deine Wirkung nicht. Wer am Schluss noch einmal eine kurze Zusammenfassung der künftigen Aufgaben liefert, der zeigt auf, dass er voll und ganz bei der Sache war und das er sich Gedanken darüber gemacht hat. Denn jeder will in seinem Gespräch ernst genommen werden, das gelingt aber meist nur dann, wenn sich aktive Zuhörer daran beteiligen. Dazu gehören aber Zuhörer, die die eigene Persönlichkeit nicht so wichtig nehmen, sondern emphatisch ihrem Umfeld gegenüber sind.

Biete bereits die passende Lösung an

Jedes Unternehmen, das eine Stellenausschreibung schaltet, hat ein Personalproblem, das umgehend gelöst werden muss. Wichtig ist, dass Du die passende Lösung dafür zu bieten hast. Du kannst aufzeigen, dass Du in Deiner bisherigen beruflichen Laufbahn bereits solche Probleme in Angriff genommen und sie entsprechend gelöst hast. Wer schon lange mitten im Berufsleben steht, wird auf gemachte Berufserfahrung zurückgreifen. Aber was ist mit einem Berufseinsteiger, dem die Praxis noch fehlt? Der kann sich, wenn es passend ist, auf sein Privatleben beziehen. Jeder Mensch, egal welchen Alters, konnte bereits unterschiedliche Erfahrungen sammeln. Diese Erfahrungen müssen auf das jeweilige Arbeitsgebiet passen und entsprechend abgeglichen werden. Darum lies Dir noch einmal die Stellenausschreibung genau durch und mache dir die Anforderungen bei dieser Stellenausschreibung klar. Biete dazu die passende Erfahrung aus Deiner Vergangenheit an, egal ob beruflich oder privat.

Im Vorstellungsgespräch geht es um die eigene Person

Darum ist es wichtig, bei den Antworten auch Botschaften über die eigene Persönlichkeit einzubauen. Denn in einem Bewerbungsgespräch steht die Frage im Raum: Was ist der Bewerber für eine Persönlichkeit? Was zeichnet ihn aus?

Dabei sollte jeder Bewerber in der Lage sein, immer wieder auf die Interessen und Vorstellungen des Unternehmens näher einzugehen. Es ist immer wichtig, die positiven Seiten der eigenen Mentalität gekonnt hervorzuheben.

Fragen, die jeder Bewerber in seinem Vorstellungsgespräch stellen sollte

Es gibt Fragen, die jeder Bewerber in seinem Vorstellungsgespräch stellen und für sich nutzen sollte. Eine solche Phase wird es in jedem Vorstellungsgespräch geben, wo z. B. gefragt wird, ob Du als Bewerber noch Fragen hast. Wenn Du diese Frage mit einem einfachen Nein beantwortest, sendest Du automatisch ein Signal dafür aus, dass Du wenig Interesse an diesem Gespräch und an der ausgeschriebenen Stelle hast. Die meisten Bewerber beantworten die Frage mit folgender Antwort: „Nein danke, es gibt keine offenen Fragen mehr von meiner Seite." Denn einmal ehrlich, bei allem, wo Du Interesse zeigst, wird auch umgehend Deine Neugierde geweckt und Fragen tun sich von ganz alleine auf. Wenn Du die Frage mit Nein beantwortest, wird das Unternehmen den Rückschluss daraus ziehen, dass Du wenig Interesse an der ausgeschriebenen Stelle hast, und das darf nicht sein. Wer den ausgeschriebenen Job für sich haben möchte, der muss sein Interesse in Form von Fragen kundtun.

Außerdem kannst Du die Chance für Dich nutzen, denn nun ist die Unternehmensleitung gefordert und muss sich Deinen Fragen stellen. Vorab warst Du die ganze Zeit gefordert, nun nutze die Chance, um dem Firmenchef bzw. dem Personalchef gezielte Fragen zu stellen. Du warst in Deinem Vorstellungsgespräch stets darum bemüht, gelungene und fachlich abgestimmte Antworten zu geben, nun hast Du die Möglichkeit, den Ball an die Firmenleitung abzugeben und zu warten. Es ist eine gute Chance für jeden Bewerber, Fragen zu stellen. Also lass sie nicht verstreichen, sondern nutze sie für Dich.

Ein Notizblock voller Fragen

Jetzt wirst Du Dir bestimmt denken: Aber welche Fragen soll ich denn stellen? Es gibt viele unterschiedliche Fragen, die Du in Deinem Bewerbungsgespräch stellen kannst. Wichtig ist für Dich, dass Du jede Frage als kleine Notiz aufschreibst. Denn wenn die Frage in Folge auf Dich zukommt – „Haben Sie noch irgendwelche Fragen an uns?" – dann kannst Du mit einem freudigen Ja antworten und in Folge Deinen Notizblock nutzen. Du liest Deine Fragen dann ab.

Macht es tatsächlich Sinn, die Fragen einfach abzulesen? Ja, das tut es durchaus! Denn wenn Du Deinen Notizblock zückst, wird das Unternehmen bereits merken, dass Du Dich darauf ausgiebig vorbereitet hast und Dir die Besetzung der Stelle wichtig ist.

Eine wichtige Frage, die als Erstes gestellt werden sollte: **Wie erfolgt die Einarbeitung?** Wenn diese Frage nicht bereits im Laufe des Vorstellungsgespräches beantwortet ist, stellst Du sie. Denn so erhältst Du einen guten Einblick darauf, was Dich künftig erwarten kann. Ob Dir entsprechende Hilfestellungen bei der Einarbeitung angeboten werden. Wenn Du diese Frage stellst, wirst Du schnell herausfinden, wie das Unternehmen aufgestellt ist und welchen Wert eine gute Zusammenarbeit im Unternehmen hat.

Eine weitere wichtige Frage: **Wie lange dauert die Probezeit bei Ihnen?** Jedes Unternehmen räumt den Neuankömmlingen in der Firma eine Probezeit ein. Gut ist es zu wissen, auf welche Zeit diese beschränkt ist. **Wie ist der Ablauf im neuen Job?** Jeder neue Job bringt auch eine neue Struktur, einen neuen Ablauf mit sich. Dazu werden folgende Fragen meist geklärt: Wann ist der Arbeitsbeginn, wann ist Feierabend, ist eine flexible Arbeitszeit vorgesehen?

Wenn Du im Vorstellungsgespräch die Frage gestellt bekommst: **„Wo sehen Sie sich in 5 Jahren?"** – kannst Du zur Gegenfrage ausholen, wenn Du an der Reihe bist, die wie folgt lautet: „**Wo sehen Sie Ihre Unternehmung in 5 Jahren?**" So kannst Du gut erkennen, wie es mit den Visionen der Firma bestellt ist und ob sich Deine Vorstellung mit den Vorstellungen des Unternehmens abgleichen lässt. **Die Frage des Gehaltes.** Wurde die Gehaltsfrage im Vorstellungsgespräch noch nicht geklärt, dann kannst Du die Initiative ergreifen und nach dem Gehalt fragen. Schließlich wird nicht nur der ausgeschriebene Job angestrebt, sondern in Folge auch das passende Gehalt dazu. Darum sprich die Frage des Gehaltes an. Mit Geschick kannst Du die Frage in das Gespräch miteinbinden. Gerade wenn es um den Ablauf des neuen Jobs geht, wird Dir die Arbeitszeit näher vorgestellt, es wird in Folge darauf hingewiesen, wie Überstunden abgegolten werden und dann kannst Du die Frage des Gehaltes mit einbringen. Du kannst dann folgende Frage stellen: **Könnten wir auch das Gehalt kurz ansprechen?** Denn somit ist der Firmen- bzw. Personalchef gefordert, auf diesen Wunsch von Dir näher einzugehen und wird das in Folge auch tun.

Warum die Frage des Gehaltes durchaus gestellt werden darf? Was ist, wenn es kein 2. Vorstellungsgespräch gibt und Dir die Stelle zugesagt wird und Du hast noch nicht über das Gehalt gesprochen? Dann ist für Dich eine noch ganz wichtige Frage offen und steht im Raum.

Folgende Frage signalisiert auch tiefgründiges Interesse: **Ist es möglich, dass ich im Anschluss an dieses Vorstellungsgespräch den Arbeitsplatz und die Abteilung einmal kurz sehen kann?** Wer eine solche Frage bei seinem Vorstellungsgespräch stellt, tut ehrliches Interesse kund und auch Du kannst davon profitieren. Dann erhältst Du einen kurzen Einblick auf den vielleicht künftigen Arbeitsplatz und den eventuellen Arbeitskollegen. Beobachte die Leute auf ihrem

Arbeitsplatz, wie wirken sie auf Dich? Ein kurzer Einblick in die Atmosphäre vor Ort kann niemals schaden. So können erste Eindrücke gesammelt werden.

Eine sehr geschickte Frage könnte sein: **Wie lange hat der Vorgänger diese Arbeit verrichtet?** Blieb er dieser Arbeit lange treu, kannst Du darauf schließen, dass er mit seinem Job durchaus zufrieden war.

Bleibe Dir bei Deinem Vorstellungsgespräch selbst treu und sei schlagfertig

Auch wenn Du um jeden Preis den Firmen- oder Personalchef von Dir überzeugen möchtest, ist es dennoch wichtig, dass Du Dir selbst treu bleibst. Darum ist es entscheidend, dass Du den gewünschten Job erhältst, ohne Dich groß verstellen zu müssen.

Das Unternehmen sucht Dich

Darum stärke Dein Selbstvertrauen, denn nicht nur das Unternehmen hat sich für Dich zu entscheiden. Auch Du darfst eine Wahl treffen – entweder für oder gegen die Unternehmung.

Wenn Du Dir das vorab näherbringst, stärkt das Dein Selbstbewusstsein.

Auch Deine persönliche Einstellung macht viel aus. Viele Bewerber vertreten folgenden Standpunkt und sagen sich: Ich bin auf die Firma angewiesen und ich brauche diesen Job. Aber nicht nur Du brauchst den Job, auch die Firma braucht den passenden Mitarbeiter. Denn nicht umsonst wird eine Stellenausschreibung geschaltet. In der Firma gibt es einen personalen Engpass und wer sollte diesen Engpass in Folge lösen? Du als Bewerber! Beide Seiten, die Unternehmung sowie der Bewerber, gehen aus dem Vorstellungsgespräch gestärkt heraus, wenn sie beide das Gefühl haben, ja, das könnte passen!

Wer sich im Vorstellungsgespräch verstellt, Fachwissen vortäuscht, von dem er im Grunde nicht viel Ahnung hat, der wird den gewünschten Job vielleicht bekommen, doch im Grunde passt er nicht zu dem Bewerber, der eigentlich gesucht wird. Darum macht es durchaus Sinn, seine ehrlichen Stärken gekonnt hervorzuheben und seine kleinen Schwächen einzugestehen. Denn irgendwann fällt jede Maske und wer dann der Ehrlichkeit ins Auge sehen muss, der kann mit Sprüchen bestimmt nicht mehr überzeugend genug sein.

Bleibe Deiner Persönlichkeit treu

Wenn Du ein eher ruhiger Mensch bist, dann lasse Dich nicht dazu hinreißen, bei einem Vorstellungsgespräch eine gesellige Person vorzugeben, die Du im Grunde nicht bist. Wer ein leiser Mensch ist, sollte das auch als Bewerber bleiben. Wer ein lauter Mensch ist, der seine Energien nur schwer zügeln kann, der darf auch bei seinem Vorstellungsgespräch etwas lauter auftreten, denn schließlich entspricht das dem eigenen Charakter.

Zudem gibt es Fragen, die in einem Vorstellungsgespräch nichts zu suchen haben. Kein Personalchef hat das Recht, Dich nach Deinem

Religionsbekenntnis zu fragen oder nach Deiner politischen Gesinnung. Auch die Frage Deines Alters sollte bei dem Vorstellungsgespräch keine entscheidende Rolle spielen. Eines gilt mit Gewissheit zu sagen, je authentischer der Bewerber ist, umso selbstsicherer wird er sich präsentieren können. Nutze dafür Deine Schlagfertigkeit! Gerade in schwierigen Situationen bei einem Vorstellungsgespräch macht es Sinn, schlagfertig zu antworten und dem Gegenüber somit „den Wind aus den Segeln zu nehmen."

Wer gelassen an sein Bewerbungsgespräch geht, der wird es auch schaffen, schlagfertig zu sein. Auch einer souveränen Unterhaltung schadet es nicht, wenn sie mit Schlagfertigkeit aufgewertet wird und dadurch mehr Pepp erhält. Denn das Ziel Deines Vorstellungsgespräches sollte sein, dass Du Dich souverän artikulieren darfst und in schwierigen Situationen immer eine situationsgerecht passende Antwort sofort parat haben solltest. Du darfst in diesem Gespräch ruhig souverän kontern, solange es sinnvoll ist. Wer sich schlagfertig in seinem Gespräch zeigt und immer auf der sachlichen Ebene bleibt, dem gelingt es schnell, Gemeinsamkeiten herzustellen, und der kann auch schwierige Fragen für sich konstruktiv nutzen.

Wer an Schlagfertigkeit dazugewinnen möchte, der sollte sich vorab überlegen, wo die eigenen Schwächen liegen. Werde Dir bewusst darüber, in welchen Punkten andere Dich bei Deinem Vorstellungsgespräch treffen können. Wenn Du diese Punkte einmal notierst, wirst Du in der jeweiligen Situation auch die Kontrolle behalten und entsprechend souverän darauf reagieren.

Am besten übst Du für Dein Vorstellungsgespräch die weiche Schlagfertigkeit. Aber wie funktioniert das? Eine weiche Schlagfertigkeit baut meist auf Fragen auf, die wie folgt lauten können: **Was meinen Sie damit?** oder: **Was veranlasst Sie, so zu denken?** Wer eine Rückfrage stellt, gibt den Ball weiter und gewinnt an Zeit. Dein Gegenüber muss die Frage noch einmal klarer definieren und Du hast Zeit, Dir eine passende Antwort zu überlegen. Der entscheidende Gedanke, der sich in eine kluge Antwort formt, kommt in der Regel erst wenig später. Jeder kennt das.

Du musst kein rhetorisches Wunderwerk sein, Du darfst auch an bekannten Zitaten festhalten, die Deinen Standpunkt und Deine Denkweise festigen. Natürlich muss dieses Zitat im engen Zusammenhang mit der gestellten Frage stehen, damit sich die perfekte Strategie beim persönlichen Gespräch entwickelt.

Nicht nur redegewandte Menschen können souverän und auf die Schnelle kontern. Auch ruhige und in sich gekehrte Menschen können schlagfertig in einem Vorstellungsgespräch sein, wenn sie sich vorab genau überlegen, welche kritischen Punkte im Lebenslauf zur Sprache kommen könnten. Auf diese Punkte darfst Du bereits vorab eingehen. Somit kannst Du, wenn Du darauf angesprochen wirst, das passende Ass aus dem Ärmel zaubern und sehr überzeugend sein in Deiner rednerischen Darstellung.

Beispiele im Vorstellungsgespräch richtig benennen

Das Du die richtigen Beispiele im Vorstellungsgespräch einsetzt, darauf kommt es an. Denn es gibt unglaublich viele Beispiele, die Du in einem solchen Gespräch zu benennen hast. Beispiele, die Deinen beruflichen Werdegang näher erläutern und Deine Erfolgsgeschichte erzählen und Eigenschaften von Dir, die Du zu benennen hast. Dazu gehören hauptsächlich die Hard und Soft Skills.

Darum es wichtig ist, die richtigen Beispiele zu nennen, denn sie schenken Deiner Aussage mehr Attraktivität und damit erhältst Du mehr Aufmerksamkeit von Deinen Gesprächspartnern. Im

Vorstellungsgespräch selbst wirst Du kaum die Zeit finden, nach den passenden Beispielen gedanklich zu suchen. Aber gerade die Beispiele sind es, die Deiner Vorstellung mehr Glaubwürdigkeit schenken. Bei der Benennung von Beispielen musst Du Dich nicht im Detail verlieren, dennoch sollten sie kompakt erklärt werden.

Die richtige Vorbereitung darauf

Du musst Dir die Stellenausschreibung ganz genau durchlesen. Damit Du die passenden Beispiele dazu liefern kannst, die zu Deinem Profil passen. Du überlegst, welche Hard und Soft Skills von dem Unternehmen gefordert werden und wie weit sie sich mit Deinen Eigenschaften decken.

Danach überlege, wo Du diese Hard oder Soft Skills bereits in Deinem Arbeitsalltag erfolgreich anwenden und aufzeigen konntest.

Überlege Dir genau:

Wie war die jeweilige Situation?

Wie bist Du ihr gerecht geworden?

Welches Ergebnis kam dabei heraus?

Je mehr Beispiele Du aus Deiner Vergangenheit bringen kannst, umso positiver wirkt sich das auf das Vorstellungsgespräch aus.

Die Schwächen im Vorstellungsgespräch

Es gibt wohl kaum ein Unternehmen, das seine Bewerber nicht nach ihren Schwächen fragt. Die Frage **Was sind Ihre Schwächen?** wird wohl kaum ausbleiben, wie bereits oben erwähnt wurde. Darum ist es wichtig, seine Schwächen zu kennen und sie gezielt zum Ausdruck zu bringen. Im Nachfolgenden werden wir uns ausführlich mit den persönlichen Stärken befassen, aber vorab hier noch mal eine kleine Zusammenfassung über die bereits oben genannten Aspekte der persönlichen Schwächen.

Warum wirst Du nach Deinen Schwächen gefragt?

Das Unternehmen will damit austesten, ob Du eine reale Einschätzung von Deiner Persönlichkeit hast und wie weit Du selbstkritisch bist. Es geht im Grunde also gar nicht darum, herauszufinden, worin der Bewerber wirklich schlecht ist.

Nobody is perfect – Also gestehe Schwächen ruhig ein, das lässt Dich bei den Gesprächspartnern authentisch wirken. Denn es kommt immer darauf an, wie Du die jeweilige Schwäche verpackst. Viele behaupten bereits: Das Zugeben von Schwächen, zeugt von Stärke. Also sei Dir dem bewusst, wenn Du nach Deinen Schwächen gefragt wirst.

Darum rücke Deine Schwäche immer in ein positives Licht

Bestimmt hast Du bereits unzählige Berichte von bekannten Personen gelesen. Werden solche Personen nach ihren Schwächen gefragt, geben sie ihre Schwächen zum Besten. Sie geben an, ein Workaholic zu sein oder immer hohe Ansprüche an die eigene Persönlichkeit zu stellen. Warum tun sie das? Weil das im Grunde keine Schwächen sind, die man den Persönlichkeiten anlasten könnte, und genau eine solche Vorgehensweise würde ich Dir auch empfehlen, wenn Du im Vorstellungsgespräch nach Deinen Schwächen gefragt wirst. Nenne Schwächen, die im Grunde keine sind.

Aber die Frage nach Deinen Schwächen kann auch umschrieben werden und zwar wie folgt: Welche Eigenschaften schätzen Sie nicht an sich und wie wollen Sie diese ändern?

Nenne Schwächen, die keine Last mit sich ziehen

Nenne Schwächen, die keine Last mit sich ziehen, weil sie einfach viele Menschen besitzen, und lass Dir dabei nicht zu tief ins Herz schauen. Denn wer zu ehrlich und zu vertrauenserweckend rüberkommt, läuft oft Gefahr, unbekannten Personen einen zu detaillierten Einblick der eigenen Persönlichkeit zu liefern und das kann schnell als Nachteil für Dich ausgelegt werden.

Worin steckt der Sinn dieser Frage?

Mit dieser Frage soll festgestellt werden, ob die Person, die sich für die Stelle beworben hat, bereit ist, sich weiterzuentwickeln und an den kleinen Schwächen zu arbeiten. Darum sprich Schwächen ruhig an und liefere gleichzeitig immer den passenden Lösungsansatz dafür. Eine passende Antwort kann sein: **Ich verzettelte mich bei früheren großen Aufgaben gerne. Das passiert mir aber nun nicht mehr, da ich mir selbst Zeitfenster setze, an die ich mich halte.** So kann der Personalchef gut erkennen: Du hast Schwächen, die Du bereits selbst erkannt hast und an denen Du gezielt arbeitest.

Wer kleine Schwächen eingesteht, der hinterfragt immer wieder die eigene Persönlichkeit und erreicht damit, dass er sich ständig weiterentwickelt, und genau solche Leute werden in der heutigen Zeit gesucht.

Beziehe Dich auf eine Schwäche aus vergangenen Tagen

Schwächen, die der Vergangenheit angehören, können Dir nicht mehr zur Last gelegt werden. Wer von einer solchen Schwäche erzählt, muss auch den passenden Lösungsansatz für diese Schwäche in petto haben, wie bereits oben genau geschildert. Schwächen, für die es bereits den passenden Lösungsansatz gibt, können nicht mehr als solche gedeutet werden.

Jede Schwäche wird anders gedeutet

Deshalb wiegen mache Schwächen mehr, andere wiederum weniger. Jetzt musst Du für Dich herausfinden, was von Dir gefordert wird. Anforderungen, die nicht an die ausgeschriebene Stelle geknüpft sind, können ruhig als Schwäche benannt werden, denn das tut nichts zur Sache. Dein Anforderungsprofil muss stimmig sein, darum nenne Anforderungen, die nicht von Dir erwartet werden. Nenne also eine Schwäche, die nicht wirklich in Deine Kompetenz fällt.

Auf den Punkt gebracht:

Wichtig ist für Dich, dass Du Deine Schwächen kennst. Das Du auch weißt, wie sich die genannte Schwäche auf Deine Arbeitsweise auswirkt und dann folgt der passende Lösungsansatz dazu, denn Du Dir bereits im Vorfeld gut überlegt hast. Wer eine kleine Schwäche ehrlich benennen will, der kommt bei seinem Gesprächspartner gut an, muss aber darauf achten, dass Lösungsvorschläge bereits vorhanden sind und an dieser Schwäche gearbeitet wird.

Die Stärken im Vorstellungsgespräch

Wie gehst Du vor, wenn ich Dich jetzt nach Deinen Stärken frage? Du suchst wahrscheinlich nach Deinen Stärken und zählst sie der Reihe nach auf. Aber viel besser ist es, nicht auf Deine Persönlichkeit einzugehen und das passende Resümee daraus zu ziehen, sondern auf die Anforderungen des Unternehmens einzugehen und diese mit den eigenen Stärken in Verbindung zu bringen. Viele Bewerber tun sich damit schwer, wenn sie nach ihren Stärken gefragt werden, obwohl sie in jedem von uns schlummern und mit der richtigen Formulierung direkt „ins Schwarze treffen".

Warum wirst Du nach Deinen Stärken gefragt?

Auch hier will der Personalchef herausfinden, wie Du zu Deiner Persönlichkeit stehst. Also sei bei der Benennung Deiner Stärken nicht zu bescheiden, neige aber auch nicht zum Übertreiben. Folgende Aussage wirkt immer: **Meine Kollegen behaupten immer, ich könne …**

Die Hard und Soft Skills aus der Stellenausschreibung sind von Bedeutung

Darum benenne Deine Hard und Soft Skills, die auch in der Stellenausschreibung gefordert sind. Denn schließlich zielt jedes Vorstellungsgespräch darauf ab, die Person zu finden, die am besten für diese Stelle geeignet ist. Benutze diese Skills nicht Wort für Wort wie aus dem Anforderungsprofil, sondern verwende eine ähnliche Umschreibung. Denn Deine Stärken sollten mit den eigenen Worten beschrieben werden. Der Firmen- oder Personalchef muss wahrnehmen können, dass Du alle Stärken in Dir vereinst, die gefordert werden. Aber diese Stärken sollst Du in eigene Worte packen, damit sie noch mehr Wertigkeit erhalten. Die Hard und Soft Skills aus der Stellenausschreibung sollten aber nie 1:1 übernommen werden. Das wäre zu einfach und wirkt aufgesetzt.

Die Hard und Soft Skills kommen nicht ohne Beispiele aus

Nur eine Stärke zu nennen, ist einfach zu wenig. Darum begründe Deine Stärken mit den richtigen Argumenten. Warum bist Du so kommunikativ? Warum kann man schnell Deine Begeisterung wecken? Das Warum spielt immer bei der Beantwortung dieser Frage eine sehr wichtige Rolle. Darum kläre Deine Gesprächspartner auf: Warum bist Du der Meinung, dass Du diese Stärke besitzt? Gib auch die entsprechenden Beispiele dafür, dass Du bereits mit diesen Stärken überzeugen konntest in Deiner beruflichen und schulischen Vergangenheit. Denn eine echte Stärke erhält erst dann ihre Wirkung, wenn sie glaubhaft und mit den passenden Beispielen vermittelt wurde. Für jede Stärke gibt es das passende Beispiel aus der Vergangenheit. Oft bedarf es ein wenig Überlegung, aber es lohnt sich. Wer seine Stärken mit den gemachten Erfahrungen hervorhebt, der erreicht dadurch, dass die Stärken glaubwürdig sind und authentisch wirken.

Die Hard und Soft Skills sollten identisch mit der Jobbeschreibung sein

Erzähle, warum sich Deine Stärken gerade so positiv auf die neue Arbeit auswirken. Du sollst aufzeigen, dass Du Dich bereits mit der

Stellenausschreibung auseinandergesetzt hast und schon ein klares Bild darüber hast, was auf Dich zukommen wird. Wenn Du davon erzählst, wie sich Deine Stärken auswirken könnten, zeichnet sich im Kopf des Personalers bereits ein Bild ab, in welcher Art und Weise Du Deine Arbeit mit vollem Erfolg verrichten wirst. Also sprich direkt an, wie Du Deine Stärke im Job einsetzt und welche Resultate daraus erfolgen könnten.

Stärken, die ihre Wirkungskraft nie verfehlen

Die strategische und unternehmerische Denkweise:

Es gibt Stärken, die immer wichtig sind, egal, in welcher Branche Du Dich bewirbst. Eine Stärke davon ist das unternehmerische Denken. Dieses ist immer gefragt. Denn wer unternehmerisch denkt, der hilft dem Unternehmen, Geld zu sparen, oder sorgt für weitere Einkünfte. Das klingt wie Musik in den Ohren für die meisten Unternehmensleitungen. Denn jedes Unternehmen will im Besitz von Mitarbeitern sein, die es voranbringen und zu guten Ergebnissen verhelfen.

Die schnelle Auffassungsgabe:

Wurde eine Stelle neu ausgeschrieben, ist das Unternehmen auf der Suche nach einem Bewerber, der sich schnell einarbeiten kann und die Einarbeitungsphase daher eher kurz gehalten wird. Ein neuer Mitarbeiter ist ständig gefordert, dazuzulernen. Wenn er eine schnelle Auffassungsgabe besitzt, wird er schnell dazulernen. Also zeige Deine gewiefte und schnelle Denkweise auf und präsentiere das passende Beispiel dafür aus Deiner Vergangenheit.

Emphatisch den Menschen gegenüber:

Egal, in welcher Branche Du Dich beworben hast – Du hast ständig Kontakt mit anderen Menschen. Ob persönlich oder am Telefon.

Darum ist es wichtig, dass Du Dich allen Menschen gegenüber emphatisch zeigst und gut mit den einzelnen Charakteren umgehen kannst. Denn oft fehlt es an der Fähigkeit der richtigen Kommunikation untereinander oder mit Kunden. Das fängt bei einem einfachen Telefongespräch an und hört beim Abschluss eines wichtigen Vertrages auf. Wer keinen guten Umgang pflegt, der wird in seinem Beruf weniger erfolgreich sein. Der professionelle und souveräne Umgang ist immer gefragt.

Erfahrung und Wissen teilen und weitergeben:

Nur wer das kann, wird in seinem Arbeitsumfeld punkten können, denn eine Zusammenarbeit wird nur dann erfolgreich sein, wenn Erfahrungen und Wissen weitergegeben werden. Praktisches Wissen lässt jeden Arbeitsalltag viel besser bewältigen. Darum ist es für einen neuen Mitarbeiter unglaublich wichtig, dass er sich selbst gut einbringt und das Wissen, das er besitzt, gut weitergeben kann. Du hast in Deinem Leben schon viel gelernt, konntest auch schon unzählige Erfahrungen sammeln. Darum ist es wichtig, dass Du Wissen gut vermitteln kannst und Deine Erfahrungen an andere weitergibst.

Die gesetzten Ziele selbst übertreffen

Es ist zu wenig, gesteckte Ziele zu erreichen. Viel mehr wird es beeindrucken, wenn gesteckte Ziele früher als erwartet erreicht worden sind. Das Unternehmen setzt voraus, dass Du Dein gesetztes Ziel erreichst. Wünschenswert ist es für das Unternehmen, wenn Du Deine gesetzten Ziele selbst übertriffst, denn das gelingt den wenigsten Menschen.

Stärken, die Du nicht unbedingt nennen solltest

Es gibt aber auch Stärken, welche Du nicht unbedingt für Dich nutzen solltest. Warum nicht? Weil sie bereits vorausgesetzt werden oder dir eventuell sogar schaden können.

Zuverlässigkeit und Pünktlichkeit:

Führe es nicht als Deine Stärke an, dass Du pünktlich und zuverlässig bist, denn das setzt das Unternehmen bereits voraus. Zuverlässigkeit und Pünktlichkeit müssen nicht extra noch einmal hervorgehoben werden, denn dabei handelt es sich um Selbstverständlichkeiten, die jedes Unternehmen von Haus aus an ihre Bewerber stellen.

Das kollegiale Verhalten/kommunikativer Mensch:

Jeder wünscht sich einen Teamplayer im Unternehmen. Aber wenn Du vorab als Deine Stärke das kollegiale Verhalten angibst, läufst Du damit Gefahr, dass Dich die neuen Kollegen vielleicht mehr interessieren könnten als das neue Arbeitsgebiet, auch wenn dies so sein mag. Darum behalte diese Stärke für Dich, denn Du wirst sie vor Ort an dem neuen Arbeitsplatz bestimmt noch nutzen können.

Fleiß:

Fleiß ist eine lobende Eigenschaft, keine Frage. Aber nenne es nicht als Deine Stärke, sonst wirst Du vielleicht als der Bewerber wahrgenommen, der mit Feuereifer bei der Sache ist, aber dafür wenig Talent besitzt. Also nicht der Fleiß bringt Dich voran, aber durchaus das Talent des strategischen Denkens. Die Eigenschaft Fleiß wird einfach übersehen. Darum wird der Bewerber nicht wegen seines Fleißes eingestellt, sondern dadurch, dass er sich von der breiten Maße abhebt und dadurch überzeugen kann.

Also nutze bestimmte Stärken für Dich und lass andere, die von vielen weiteren Bewerbern genannt werden, einfach weg. Denn es gibt gute Stärken und weniger gute Stärken. Du nutzt die guten Stärken für Dich.

Zuerst die Schwächen oder die Stärken nennen?

Wenn die Frage der Stärken und Schwächen in einem Zusammenhang gestellt wird, ist es für Dich wichtig zu wissen, dass Du Deine Schwächen zuerst nennen solltest, bevor Du zu Deinen Stärken übergehst. Warum ist das so? Wenn die Schwächen zuerst genannt werden und dann erst Deine Stärken folgen, findet dieser Abschnitt im Gespräch ein positives Ende. Denn egal um welches Gespräch es sich auch handeln mag, es ist immer das zuletzt Ausgesprochene, das sich der Gesprächspartner am besten merkt.

Auf den Punkt gebracht:

Überlege erstmals: Wo liegen Deine Stärken? Haben diese Stärken auch eine Relevanz für den ausgeschriebenen Job? Ja? Dann benenne diese Stärken mit den passenden Beispielen aus Deiner beruflichen Vergangenheit. Nur wer das passende Beispiel dazu bieten kann, zeigt seine Stärke im Gespräch und wirkt authentisch. Jeder Bewerber hat seine ganz eigenen Stärken, wichtig ist nur, dass sie überzeugend verpackt im Vorstellungsgespräch dargestellt werden.

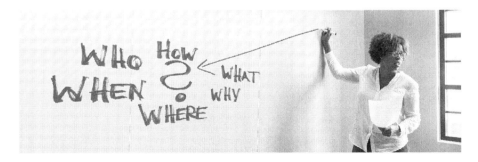

Stressfragen, die Dich nicht aus der Ruhe bringen sollten

Es gibt Fragen, die gezielt gestellt werden, um den Bewerber aus der Reserve zu locken, um zu erkennen, wie der Bewerber mit Stress umgeht, wie gut er Kritik wegstecken kann und ob er schlagfertig ist.

Was sind Stressfragen?

Wie der Name es bereits verrät: Das Ziel der Stressfragen ist es, den Bewerber unter Druck zu setzen. Solche Fragen sollten nie persönlich genommen werden, Emotionen jeglicher Art sind da fehl am Platz. Darum fühle Dich von solchen Fragen nicht angegriffen, denn Du besitzt eine hohe Kritikfähigkeit. Lasse diese einfach walten und stecke jede einzelne Frage an Dich geschickt weg.

Stressfrage: Was veranlasst Sie zum Stellenwechsel?

Deine Antwort muss darauf abzielen, dass Du in Deiner bisherigen Firma all Deine gesetzten Ziele bereits erreicht hast und es nun an der Zeit ist für eine berufliche Veränderung. Stelle auch klar, dass Du Deine Qualifikationen bei diesem Unternehmen einbringen willst, weil … Die berufliche Weiterentwicklung muss dabei immer im Fokus sein. Denn das muss der Grund für die berufliche Veränderung sein.

Stressfrage: Glauben Sie, dass Sie dieser Stelle gewachsen sind?

Du musst bei dieser Frage von Deinem Können absolut überzeugt sein und kannst folgende Antwort geben: Ich bin mir absolut sicher, dass die ausgeschriebene Stelle und mein Bewerberprofil stimmig sind und sich effektvoll ergänzen. Meine Fähigkeiten und Kompetenzen harmonieren gewiss mit den gesetzten Erwartungen Ihres Unternehmens. Eine weitere Antwort könnte sein: Ich nehme die neue Herausforderung mit Freude an, man wächst schließlich mit seinen Aufgaben. Meine beruflichen Interessen gelten den gestellten Aufgaben in der Jobausschreibung und so könnte sich mein Talent noch besser entfalten.

Stressfrage: Welche schlechte Eigenschaft kann Ihnen nachgesagt werden?

Versuche den negativen Aspekt dieser Frage in einen positiven zu verwandeln. Folgende Antwort kann sich daraus ergeben: Ich bin der Meinung, dass über mich positiv gesprochen wird. Meine positiven Eigenschaften wurden sogar von Kollegen bereits angesprochen.

Stressfrage: Was war Ihr größter Misserfolg?

Du solltest einen Misserfolg benennen, der keine Lappalie ist, aber auch kein zu großer Misserfolg. Der genannte Misserfolg sollte eine Mischung zwischen Lappalie und großem Misserfolg sein. Wenn Du diesen Misserfolg beim Namen genannt hast, erzähle auch gleich davon, was Du aus der ganzen Situation gelernt hast. Ein Aussetzer bei einer wichtigen Prüfung kann durchaus als Misserfolg bezeichnet werden, ein solcher Misserfolg kann gut nachvollzogen werden von den Gesprächspartnern. Denn jeder hat schon bei einer Prüfung versagt.

Mit dieser Frage will man herausfinden, was bis jetzt bei Dir nicht gut gelaufen ist. Welche Größe ein Misserfolg hat, liegt meist im Auge des Betrachters. Du musst auch keinen konkreten Misserfolg benennen, wenn Dir nicht danach ist. Dazu folgende Antwort: Niederlagen musste jeder von uns bereits einfahren, aber ich für meine Person bin stets darum bemüht, aus meinen Misserfolgen zu lernen und eine neue Sichtweise auf die Sachlage zu gewinnen.

Stressfrage: Wo sehen Sie sich in 5 Jahren?

Hierbei handelt es sich um eine standardisierte Frage, die immer wieder gerne im Vorstellungsgespräch gestellt wird. Zeige auf, wie Du Dich in 5 Jahren in der ausgeschriebenen Position siehst und weise gleichzeitig darauf hin, was Du an der Stelle positiv bewirken kannst.

Wichtig ist für Dich, dass Du die Frage beantworten kannst. Denn fehlt Dir die passende Antwort darauf, kann vom Personaler umgehend erkannt werden, dass Du Dich mit dem ausgeschriebenen Job noch nicht intensiv auseinandergesetzt hast und das Du Deine Ziele kurzfristig absteckst. Denn wer ein langfristiges Ziel vor Augen hat, der überlegt, wo er sich in 5 Jahren sieht.

Diese Frage wird von Personalern so gerne gestellt, weil sie wissen möchten, was den jeweiligen Bewerber antreibt und ob er bereit ist, sich länger an das Unternehmen zu binden. Wichtig bei dieser Frage ist, dass der Blick in eine gemeinsame Zukunft gerichtet ist. Die angestrebten Ziele müssen eins sein, mit dem Blick auf das Unternehmen gerichtet. Die eigene Motivation muss bei der Frage immer klar erkennbar sein, dabei müssen die eigenen Ziele mit den Zielen des Unternehmens abgestimmt sein.

Stressfrage: Was war Ihr letztes Aufgabengebiet?

Bekommst Du eine solche Frage gestellt, dann darfst Du mehr über Deinen bisherigen Job erzählen. Schenke Deinem bisherigen Handeln dabei die nötige Aufmerksamkeit. Erzähle von Deiner Effizienz und Produktivität im Job und was Du an Deiner bisherigen Arbeitsstelle bewirken konntest. Begriffe wie Umsatzsteigerungen, Einsparungen, Qualitäts- und Strukturverbesserungen kommen dabei immer gut an.

Stressfrage: Wie gehen Sie mit Stress um?

Denn Stress gibt es in jedem Unternehmen – einmal mehr, einmal weniger. Wichtig ist, dabei wieder auf seine Stärken zu verweisen, wie die innere Ruhe, das besonnene Wesen, die hohe Konzentrationsfähigkeit. Denn dadurch können Fehler gezielt vermieden werden. Denn wann machst Du die meisten Fehler? Wenn Du unter zeitlichem Druck stehst.

Zudem darfst Du ruhig auf Eustress hinweisen, der sich positiv auf Dich auswirken kann. Denn Eustress steigert Deine Motivation, Deine Konzentration und Deine Leistungsfähigkeit und zwar auf ganz natürlich Weise. Die Bezeichnung „Eu" kommt von den Griechen und hat folgende Bedeutung „gut". Darum könnte Deine Antwort auch sein: „Gut, dass Sie darauf zu sprechen kommen, denn ich fühle mich von Eustress immer angezogen, ich schaffe es dadurch, Herausforderungen noch besser zu meistern.

Ein weiteres Argument von Dir könnte sein: Hans Selye, der Pionier der Stressforschung, verfasste folgendes Zitat, dem ich mich gerne anschließe: „Stress ist die Würze des Lebens". Jeder Firmen- oder Personalchef wird ganz verwundert sein, eine solche Antwort zu hören.

Stressfrage: Wie reagieren Sie auf Kritik?

Mit dieser gestellten Frage will herausgefunden werden, wie kritikfähig Du eigentlich bist. Du solltest wie folgt darauf antworten: Kritiken sind für mich immer wichtige Ratschläge, die ich in der Zukunft gewinnbringend einsetzen kann. Da mir mein Arbeitsgebiet wichtig ist, bin ich offen für jedes Feedback, dass an mich herangetragen wird.

Ganz ehrlich – Keiner von uns hört Kritik gerne, aber trotzdem müssen wir sie über uns ergehen lassen. Daher zeige bei Deiner

Antwort auf, dass Du konstruktive Kritik immer sehr ernst nimmst und diese entsprechend in Deiner Arbeit umsetzen möchtest.

Damit Dich die Stressfragen nicht aus der Bahn werfen, ist es wichtig, gleich die passenden Antworten parat zu legen. Dabei dürfen die eigenen Vorzüge und Qualifikationen immer wieder neu aufgezeigt werden.

Stressfrage: Worin liegt Ihre Motivation, bei uns zu arbeiten?

Die Frage wird deshalb gestellt, weil Deine Gesprächspartner wissen möchten, wie real Du die ausgeschriebene Stelle wahrnimmst. Sie wollen herausfinden, wie Deine Vorstellungen im Allgemeinen sind. Zudem verfolgt die Frage das Ziel, herauszufinden, wie ernst es dem Bewerber tatsächlich ist. Will der Bewerber den Job wirklich aus voller Überzeugung? Viele Bewerber sehen einen Job nur als Notlösung an, dann gibt es andere, die nutzen die Chance für sich und der Job ist ihr gelungener Einstieg, der sie weiterbringt.

Also überlege intensiv: Was hat Dich dazu bewogen, Dich für die ausgeschriebene Stelle zu bewerben? Natürlich musst Du mit den Hard und Soft Skills punkten können, die in der Stellenausschreibung gefordert sind, damit der künftige Arbeitgeber mit Deiner Antwort zufrieden ist. Versuche den perfekten Abgleich zu finden zwischen Deinen Fähigkeiten und den Erwartungen des Unternehmens. Hast Du einen Abgleich gefunden, darfst Du noch einmal Deine persönliche Wahrnehmung, Dein Gefühl in die Antwort mit einbringen. Das wirkt authentisch und glaubhaft.

Lücken im Lebenslauf erläutern

Hast Du Lücken und Brüche in Deinem Lebenslauf? Ja? Dann kann es durchaus sein, dass Du in Deinem Vorstellungsgespräch genau nach diesen Lücken gefragt wirst. Damit Dich diese Frage nicht unvorbereitet trifft, solltest Du vorab bereits die passende Antwort parat haben.

Die Lücke im Lebenslauf – Was ist darunter zu verstehen?

Eine Lücke im Lebenslauf ist eine Zeit, wo nicht gearbeitet wurde und wo keine Weiter- und Fortbildungen stattgefunden haben. Wer nach dem Abi oder nach dem Studium mehrere Wochen verreist, um mehr von der Welt zu sehen, der muss sich über eine solche Frage keine Gedanken machen. Gedanken sollten sich nur jene Bewerber machen, bei denen sich eine Lücke zwischen 2 verschiedenen Arbeitgebern aufgetan hat und sie längere Zeit ohne feste Anstellung waren.

Warum gibt es Lücken im Lebenslauf?

Was haben Sie in dieser Zeit gemacht? Das sind meist die logischen Fragen darauf, wenn Lücken vom Personaler entdeckt werden. Wichtig ist es, diese Frage ehrlich zu beantworten. Denn wer ehrlich und gut vorbereitet an diese Fragestellung herangeht, dem kann nichts passieren. Jedem Personaler ist klar, dass Menschen ihren Job verlieren können oder eine berufliche Pause einlegen, aus welchen Gründen auch immer. Das ist auch in Ordnung, doch die passende Erklärung dazu darf nicht fehlen.

Zwei wichtige Punkte gibt es hierbei zu beachten:

- Wichtig ist für Dich zu wissen, dass Du diese Zeit, in der Du die Pause eingelegt hast, nur richtig vermitteln musst

- und Du musst zu Deiner Lücke im Lebenslauf stehen.

Wer seine Lücke als neue Orientierungsphase vermitteln kann, der liegt immer richtig. Es gibt Zeiten im Leben, da steht man einfach da und dann ist es wichtig, aus seinem Hamsterrad auszubrechen, um sich neu zu orientieren und sich im Leben wieder neu aufzustellen. Du solltest aber in der Lage sein, die Neuorientierung so zu formulieren, dass alles einen Sinn ergibt.

Wer eine längere Arbeitslosigkeit hinter sich hat, der kann auch vermerken, dass er etwas Zeit brauchte, um am Arbeitsmarkt wieder Fuß zu fassen, weil er mit den modernen Möglichkeiten der Bewerbung nicht vertraut war. Es hat eine Weile gedauert, bis Du verstanden hast, wie der moderne Bewerbungsprozess von heute positiven Anklang findet. Personaler verstehen das in der Regel sehr gut. Wer eine halbe Ewigkeit einen bestimmten Job ausgefüllt hat und plötzlich von heute auf morgen ohne Arbeit dasteht, der wird erst einmal in ein schwarzes Loch fallen und wird etwas unbeholfen sein, sich mit den neuen Strategien der Bewerbung vertraut zu machen. Damit ist der Bewerber kein Einzelfall und Verständnis wird gegeben sein.

Die unfreiwillige und die freiwillige Auszeit

Diese Auszeiten dürfen entsprechend voneinander getrennt werden.

Der Grund für die entsprechende Auszeit steht immer im Vordergrund. Manchmal nimmt sich der Bewerber ganz unfreiwillig eine Auszeit – ihm wird gekündigt. Wenn aber in der Zeit der Arbeitslosigkeit eine neue Orientierung in Form von Lehrgängen, Kursen und so weiter stattgefunden hat, dann wurde diese Auszeit ja sinnvoll genutzt.

Findet die Auszeit gewollt statt, denn steckt auch meist ein plausibler Grund dahinter, der nur entsprechend erläutert und verständlich gemacht werden muss. Eine verständliche und nachvollziehbare Erklärung dabei ist immer hilfreich. Auf die Darstellung dabei kommt es an. Denn nach der richtigen

Darstellung richtet sich in Folge auch der Blickwinkel des jeweiligen Betrachters.

Egal, wie sich die Auszeit auch gestaltet hat, wichtig ist, dass sie mit den richtigen Argumenten zur Sprache kommt und diese Zeit mit etwas Nützlichem genutzt wurde. Denn eine Zeit, wo man neue Erfahrungen machen durfte, in welcher Hinsicht auch immer, ist nie eine verlorene Zeit.

Es gibt durchaus Auszeiten, die dem Unternehmen Nutzen bringen können, denn es wurden vielleicht Weiterbildungsmaßnahmen genutzt, die dem Unternehmen nun zugutekommen. Auch Auszeiten wegen Krankheiten, Burnouts oder längere Phasen der Arbeitslosigkeit können keinem Bewerber einfach so angelastet werden. Gerade der Begriff der Arbeitslosigkeit hat oft einen negativen Beigeschmack, nicht aber, wenn er als Neubeginn vom Bewerber angesehen wird.

Zudem sollte nicht das Schlagwort „arbeitslos" in den Mund genommen werden; viel besser ist es, von Deiner Arbeitssuche in dieser Zeit zu sprechen. Denn bei der Arbeitssuche gehst Du aktiv an die Sache heran. Das klingt besser und verschafft einen besseren Eindruck auf Deine Persönlichkeit. Es sollten in einem Vorstellungsgespräch immer die richtigen Worte verwendet werden, mit denen etwas Positives assoziiert werden kann.

Aber nicht nur die Weiterbildung ist bei der Auszeit zu nennen, auch praktische Erfahrungen können großen Nutzen bringen und sind es wert, genannt zu werden. Wer sich ehrenamtlich in seiner Auszeit arrangiert hat, muss das unbedingt in dem Gespräch kundtun. Denn so bekommt der Personaler ein anderes Bild vom Bewerber. Er sieht, dass der Bewerber zwar so viele Monate ohne Arbeit war, aber die Zeit nicht einfach so verstreichen ließ, sondern sich ehrenamtlich eingebracht hatte. So wird ein solcher Bewerber auch bereit sein, sich im Unternehmen voll und ganz einzubringen.

Wer eine längere Reise unternommen hat, der kann nicht nur damit punkten, dass die Sprachkenntnisse in dieser Zeit verbessert wurden, sondern auch eine interkulturelle Anpassung stattgefunden hat.

Eine Lücke wegen einer Erkrankung

Konnte die Arbeit wegen einer Krankheit nicht fortgesetzt werden, ist darauf einzugehen. Die Krankheit muss nicht im Lebenslauf angeführt sein. Wenn nach der Lücke gefragt wird, muss die Krankheit jedoch angegeben werden. Aber auch hierbei ist es wichtig, das passende Resümee daraus zu ziehen. Die Reha, die mit Erfolg absolviert wurde, darf ebenso genannt werden. Das zeigt auf, dass der Bewerber sich seinem Schicksal nicht hingegeben hat, sondern ständig bereit ist, an sich zu arbeiten. Abschließend ist folgender Satz von Bedeutung: **„Nun bin ich zum Glück wieder gesund und kann mich voll und ganz einer neuen beruflichen Aufgabe widmen."**

Zu viele Wechsel im Lebenslauf

Auch diese werden vom Personaler gerne angesprochen. Niemand will einen Bewerber einstellen, der nach kurzer Zeit wieder das Weite sucht. Welche Antwort ist die Richtige, wenn Du auf die vielen Wechsel im Lebenslauf angesprochen wirst?

Vielen Bewerbern geht es da ähnlich wie Dir, denn oft hält die Firma nicht das, was sie verspricht, und ein Jobwechsel steht früher an als erwartet. Aber jeder Personaler wird verleitet sein, den Lebenslauf genau zu überprüfen, damit er entsprechende Rückschlüsse daraus ziehen kann. Das ist sein gutes Recht. Aber was wird er denken, wenn mehrere Jobwechsel innerhalb einer kurzen Zeitspanne unternommen wurden? Er wird denken, dass er es mit einem Bewerber zu tun hat, für den die Unternehmenstreue kein Thema ist. Darum musst Du die passende Antwort darauf finden. Denn Deine Einarbeitung sollte sich auch für das Unternehmen lohnen.

Ein Lebenslauf mit vielen unterschiedlichen Stationen sorgt für Unruhe. Darum macht es Sinn, verschiedene Arbeitgeber einfach zusammenzufassen und zu sagen: **„In den letzten 3 Jahren bin ich im Handel tätig gewesen."** Benenne nur die jeweilige Branche im Lebenslauf, bevor Du Dir die Mühe machst, jeden Arbeitgeber einzeln aufzuzählen und dabei den Eindruck erweckst, dass Du sehr leichtfertig mit Deiner Arbeit umgehst.

Du kannst viele Wechsel im Lebenslauf stehen haben, aber dann musst Du in der Lage sein, Deine Gesprächspartner davon zu überzeugen, warum Du Dir vorstellen kannst, lange bei diesem einen Unternehmen zu bleiben. Die eigene Überzeugung spielt dabei immer eine sehr wichtige Rolle. Dazu sollte immer den Gesprächspartnern verdeutlicht werden, warum gerade Du die perfekte Besetzung für die ausgeschriebene Stelle bist. Du musst sie davon überzeugen können, dass Du Deine berufliche Zukunft in diesem Unternehmen siehst.

Zu viele Wechsel im Lebenslauf müssen immer bei Rückfragen benannt werden. Die Gründe hierfür mögen ganz unterschiedlich sein. Die Gesprächspartner können nicht nachvollziehen, warum es so weit gekommen ist. Folgende Gründe können angegeben werden:

Die Karenzvertretung:

Jeder weiß, wie es der Name bereits verrät: Eine Karenzvertretung ist nur für eine bestimmte Zeit vorgesehen.

Eine betriebsbedingte Entlassung:

Betriebsbedingte Entlassungen kommen immer wieder vor. So sind die Mitarbeiter als Erste von einer Kündigung betroffen, die neu in die Firma eingetreten sind. In der heutigen Zeit sind Fusionen keine Seltenheit, was bleibt, sind Menschen, die ihre Arbeit verlieren.

Wörter, die in einem Vorstellungsgespräch nicht zur Sprache kommen sollten

Wenn einzelne Wörter nur ausgesprochen werden, wird der Personaler bereits hellhörig und hört in Folge genau hin, was Du dazu zu sagen hast. Darum vermeide bestimmte Wörter einfach und ersetze sie durch passendere Ausdrücke. Dazu gehören folgende Wörter:

Die Arbeitslosigkeit:

Es gibt durchaus Wörter, die in einem Vorstellungsgespräch nicht in den Mund genommen werden sollten; eines davon habe ich Dir bereits verraten, es heißt – Arbeitslosigkeit. Denn dieses Wort kann passend durch das Wort arbeitssuchend ersetzt werden. Hinter dem Wort Arbeitslosigkeit versteckt sich immer der vage Verdacht, dass die Arbeitsleistung des Mitarbeiters nicht 100 %-ig in Ordnung war.

Menschliche Differenzen:

Auch die gibt es in jedem Arbeitsverhältnis, einmal mehr, einmal weniger. Wichtig ist es aber, diese nicht anzusprechen. Sollte die Frage des Personalers lauten: Warum haben Sie Ihre letzte Arbeit gekündigt?, dann sollten zwischenmenschliche Differenzen nicht als Grund genannt werden. Denn die Überlegung des Personalers liegt in Folge nahe: Wenn es in einer anderen Firma mit dem Vorgesetzten und den Kollegen nicht geklappt hat, warum sollte dieser Mitarbeiter ein harmonisches Miteinander in diesem

Unternehmen finden? Menschliche Differenzen lassen schnell auf schwierige Charaktere schließen, auch wenn dies nicht der Fall sein mag.

Die Überstunden:

Unterlasse es bei Deinem Vorstellungsgespräch, nach den Überstunden zu fragen. Sonst kann der Eindruck erweckt werden, dass Du nicht bereit bist, Überstunden zu leisten. Wer nach den Überstunden fragt, der gibt im Vorhinein klar zu verstehen, dass er nur ungern über die allgemeine Arbeitszeit hinaus arbeitet. Wer nicht bereit ist, Überstunden zu leisten, der wird umgehend den Anschein erwecken, die Arbeit zu scheuen. Auch wenn das gar nicht der Fall ist.

Wie viel Ehrlichkeit verträgt das Vorstellungsgespräch?

Ehrlichkeit ist eine Tugend. Aber was ist, wenn Du Dich dank dieser Tugend ins Aus schießt? Kleine Notlügen und Interpretationen sind daher bis zu einem bestimmten Teil erlaubt. Es gibt durchaus Fragen in einem Vorstellungsgespräch, bei denen ein kleiner Schwindel nicht schadet, z. B. die Frage nach der bisherigen Beziehung zu Deinem Chef. Die Antwort auf die Frage „Was war Ihr bislang größter Fehler bei der Arbeit?" braucht auch nicht der vollen Wahrheit zu entsprechen. Jeder von uns macht Fehler. Wie schwerwiegend ein Fehler wiegt, liegt schließlich im Auge des Betrachters. Wie das Verhältnis zu den bisherigen Kollegen war, sollte nie mit ehrlichen Worten beantwortet werden, wenn es keine harmonische Kollegenschaft gab. Denn solltest Du diese Frage negativ beantworten, kann schnell der Eindruck erweckt werden, dass Du kein Teamplayer bist und es Dir vielleicht schwerfallen kann, kollegiales Verhalten aufzuzeigen.

Es ist keine Seltenheit, dass in einem Vorstellungsgespräch geflunkert wird. Auch die Firma stellt sich gerne vielversprechender dar, als sie im Grunde ist, und jeder Bewerber tut es ihnen gleich. Das ist eine Tatsache.

Wichtig zu wissen ist, bei welchen Vorgaben Du Vorsicht walten lassen solltest. Dazu zählen:

Hervorgehobene Kenntnisse:

Wichtig ist daher, dass Du nicht mit Kenntnissen prahlst, die Du im Grunde nur mangelhaft beherrschst. Denn ein solches Spiel kann schnell durchschaut werden, gerade bei Sprachkenntnissen.

Ein Test kann schnell gemacht werden und schon verliert der Bewerber sein Gesicht. Wer Qualifikationen von seiner Person preis gibt, der sollte darauf achten, dass diese Qualifikationen auch ehrlich sind.

Themen, die beim Vorstellungsgespräch nicht angesprochen werden sollten

Zudem gibt es Themen, die lässt Du am besten außen vor, damit Dein Vorstellungsgespräch einen positiven Verlauf nehmen kann.

Dazu gehören:

Die Probleme mit dem ehemaligen Arbeitgeber:

Es ist gleich, ob Du einmal Ärger mit einem Vorgesetzten hattest oder ob Dir die Kollegen nicht gut gesinnt waren, lass es nicht zu Deinem Thema im Vorstellungsgespräch werden. Dazu zählen auch die Probleme mit eventuellen Vorgesetzten. Denn der Personaler schließt daraus, dass der Bewerber Probleme mit möglichen Autoritäten hat und sich vielleicht nur schwer etwas sagen lässt. Das Aufbegehren gegen Autoritäten wird in keinem Unternehmen gerne gesehen, darum sollte das Thema im Gespräch auch nicht darauf gelenkt werden. Kein Chef will jemanden einstellen, bei dem er die Befürchtung hat, seine Autorität könne untergraben werden. Wenn das Gespräch auf den vorherigen Arbeitgeber übergeht, hilft folgende Antwort immer: „Die Kooperation zwischen uns war gut."

Die berufliche Verfehlung:

Es gibt Arbeitgeber, die nicht halten, was sie versprechen, und berufliche Verfehlungen kommen vor. Ein solcher beruflicher Fehlgriff sollte niemals thematisiert werden, denn berufliche Verfehlungen gibt es. Mit der neuen Bewerbung wird ein Schritt in die berufliche Zukunft gesetzt und gemachte Verfehlungen dürfen in der Vergangenheit belassen werden.

Privates und Berufliches trennen:

Auch das Privatleben darf außen vor bleiben. Denn bei einem Vorstellungsgespräch geht es einzig und alleine um das berufliche Vorankommen. Wer professionell bei seinen Gesprächen wirken möchte, der erzählt nicht von seinem Beziehungsleben. Privates und Beruf sollte deshalb immer getrennt werden.

Ein absolutes No-Go im Vorstellungsgespräch

Es gibt absolute No-Gos, auf die Du achten musst, damit sie Dir nicht passieren, denn sonst stehen die Chancen für den ausgeschriebenen Job nicht gut. Dazu gehören:

Ein verspätetes Erscheinen:

Wenn es auch unzählige Gründe für ein verspätetes Erscheinen geben mag, so werden diese vom Personaler nicht berücksichtigt. Denn dieser setzt voraus, dass jeder Bewerber pünktlich zu seinem Vorstellungsgespräch zu erscheinen hat. Du musst zu diesem wichtigen Gespräch dementsprechend frühzeitig aufbrechen. Staus und diverse Verspätungen im öffentlichen Verkehr müssen deshalb immer einkalkuliert werden. Wer das Unternehmen auf sich warten lässt, erweckt den Eindruck, dass er kein großes Interesse zeigt. Aber es sei Dir geraten: Sei auch nicht zu überpünktlich, denn in manchen Firmen wird Wert darauf gelegt, dass sich die Bewerber nicht gegenseitig begegnen. Es genügt also, wenn Du 5 Minuten vor Deinem Vorstellungsgespräch im Unternehmen eintriffst.

Die Namen der Gesprächspartner wurden vergessen:

Wichtig ist es immer, seine Gesprächspartner beim Namen zu nennen, wie bereits zu Beginn des Buches angesprochen wurde. Diese Namen musst Du kennen und auch richtig aussprechen. Ein Einprägen der Namen ist also sinnvoll, damit sie Dir beim Gespräch nicht entfallen. Wer sich ganz viele Namen merken muss, der muss auf jeden Fall ein guter Zuhörer sein. Wiederhole den Namen im Gespräch, so bleibt er länger im Gedächtnis. Wenn Dir die Namen vor Deinem Vorstellungsgespräch bereits bekannt sind, macht es Sinn, diese aufzuschreiben. Wer sich den Namen seiner Gesprächspartner nur mit Mühe merken kann, der sollte sich den Namen visualisieren. Eine kurze „Eselsbrücke" wirkt oft Wunder. Wenn Dir der Name nicht einfallen sollte, lass Dich deswegen nicht unter Druck setzen, sondern führe Dein Vorstellungsgespräch besonnen weiter. Meist fällt Dir der Name im Gespräch dann wieder ein.

Das fehlende Firmenwissen:

Wer sich in einem Unternehmen bewirbt, der muss mit Firmenwissen punkten können. Wer über das Unternehmen nichts oder nur sehr wenig weiß, der tut einfach damit kund, dass er zu wenig Interesse zeigt. Denn wenn Dich etwas wirklich interessiert, dann bist Du bereit dafür, Dich darüber schlau zu machen. Eine gründliche Recherche im Vorfeld des Vorstellungsgespräches bleibt Dir also nicht erspart. Wenn Du aufzeigen möchtest, dass Du an der ausgeschriebenen Stelle wirklich interessiert bist, dann kommst Du nicht darum herum, Dir Firmenwissen anzueignen.

Standardisierte Antworten auf standardisierte Fragen:

Personaler schätzen es sehr, wenn sie originelle und gut vorbereitete Antworten zu hören bekommen, denn die standardisierten Antworten kennen sie bereits alle. Wer eine standardisierte Antwort gibt, schafft es nicht, sich von der breiten Masse abzuheben. Wichtig ist dabei aber, nicht den „Schlauberger" in sich herauszuholen und bei seiner Antwort den Anschein zu erwecken, als sei man überheblich.

Hard und Soft Skills, die nur als Behauptung aufgestellt werden:

Es sind die Hard und Soft Skills, die Du mit Überzeugung im Gespräch vermitteln sollst. Überzeugend wirken diese aber nur, wenn sie mit den entsprechenden Beispielen aus der beruflichen oder schulischen Vergangenheit ausgefüllt werden. Eine reine Behauptung wird einfach nur so im Leeren stehen und seine

Wirkungskraft verfehlen. Das passende Beispiel verstärkt Deine Glaubwürdigkeit. Darum ist es wichtig, Beispiele zu nennen und eine Verbindung zwischen Deinen Erfahrungen und dem Profil der Ausschreibung herzustellen. Behauptungen jeglicher Art können schnell aufgestellt werden, aber wo ist der Beweis dafür? Den passenden Beweis liefert immer ein stimmiges Beispiel. Jeder Bewerber kann Beispiele aus seiner beruflichen Vergangenheit liefern und ein passendes Beispiel ist nur eine Überlegung weit entfernt.

Abweichungen von Fragen und Antworten, denen zu viel Interpretation geschenkt wird:

Konzentriere Dich auf das Wesentliche. Es gibt durchaus Bewerber, die erzählen über Gott und die Welt und verbreiten dadurch Langeweile. Darum halte Dich bei Deinen Aussagen eher kurz und versuche Dich auf das Wesentliche Deiner beruflichen Laufbahn zu konzentrieren. Langatmigen Bewerbungsgesprächen fehlt meist der Pepp. Wenn Du in Deinem Gespräch einmal ausführlicher werden solltest, dann bitte nur an Stellen, die das Interesse Deiner Gesprächspartner wecken.

Setze nicht auf die falsche Verabschiedung:

Eine falsche Verabschiedung gibt zu verstehen, dass der Bewerber noch bei weiteren Firmen im Rennen um eine ausgeschriebene Stelle steht und das Unternehmen sich deshalb schnell entscheiden sollte. Zudem ist es nicht gut, darauf hinzuweisen, dass Du auf die ausgeschriebene Stelle angewiesen bist.

Hauptteil 3 – Der Abschluss
eines Vorstellungsgespräches

Im letzten Abschnitt noch von sich überzeugen

Für Dich ist es von Bedeutung, dass Du auch nach Deinem Vorstellungsgespräch noch in sehr guter Erinnerung bleibst. Aber wie ist das möglich? Denn auf der Zielgeraden Deines Vorstellungsgesprächs ist noch immer die Möglichkeit gegeben, Dich selbst zu disqualifizieren. Darum ist es wichtig, dass Du im letzten Abschnitt des Gespräches nicht von Deiner Konzentration abweichst.

Bitte lasse im Anschluss nicht anklingen, dass Du noch weitere Vorstellungsgespräche besuchen wirst und deshalb um eine schnelle Antwort ersuchst. Erkläre lieber, dass Du Dich darin bestätigt fühlst, diesen Job zu besetzen und das Du Dich auf eine positive Antwort freust. Natürlich kannst Du auch danach fragen, wann mit einer Rückantwort vom Unternehmen zu rechnen ist.

Wichtig ist, dass Dein Vorstellungsgespräch ein souveränes Ende findet und das Du Dich auch bei der Verabschiedung von Deiner besten Seite zeigst; somit bleibst Du lange in Erinnerung. Das ist auch Deine Absicht.

Wichtig im letzten Abschnitt des Gespräches ist es, noch einmal das Interesse für die ausgeschriebene Stelle kundzutun.

Auch die Einholung weiterer Informationen über das Auswahlverfahren lässt für den Personaler darauf schließen, dass Du wahrlich Interesse zeigst. Denn nur wer im letzten Abschnitt des Gespräches wichtige Informationen erhält, kann sich auf ein weiteres Auswahlverfahren vorbereiten.

Auch der letzte Satz im Vorstellungsgespräch darf ein „Aufhänger" sein. Dadurch wird erreicht, dass die Chancen noch einmal erhöht werden.

Darum nutze bestimmte Aussagen zum Schluss für Dein Vorstellungsgespräch und lenke den Fokus noch einmal auf Deine Persönlichkeit. Folgende Aussagen sind dafür gut geeignet:

- In unserem gemeinsamen Gespräch ist mir aufgefallen, wie gut wir miteinander harmonieren und wie gut ich mich bei Ihrem Unternehmen einbringen kann.

- Ich würde mich freuen, wenn meine Arbeitsleistung Ihr Unternehmen in Zukunft unterstützen darf.

- Nun haben Sie einen ersten Eindruck über meine Persönlichkeit erhalten, gerne würde ich Sie auch in der Praxis von meinen Arbeitsleistungen überzeugen.

Was zuletzt bei einem Vorstellungsgespräch gesagt wird, bleibt am besten in den Köpfen verankert. Denn nicht nur der erste Eindruck soll authentisch und souverän sein, auch der letzte Eindruck darf sich so gestalten.

Die Frage nach den Chancen – Unterlasse sie!

Auch die Frage nach den Chancen darf nie gestellt werden. Sie gilt als absolutes No-Go. Denn damit fühlen sich die Gesprächspartner nur unter Druck gesetzt; zudem verliert das Gespräch auf Augenhöhe seine Wirkung. Denn damit nimmst Du automatisch als Bewerber einen niedrigeren Rang ein.

Ist das Vorstellungsgespräch gut gelaufen – Die Zeichen dafür dürfen richtig gedeutet werden

Deutest Du die Zeichen richtig, weißt Du nach dem Gespräch umgehend, woran Du bist und kannst Dir entsprechende Chancen selbst einräumen.

Zeichen dafür, dass das Gespräch einen guten Verlauf nahm:

Die Begrüßung nahm einen sehr freundlichen und offenen Verlauf. Es wurde Dir sogar ein Getränk angeboten, das Du natürlich gerne dankend angenommen hast.

Wenn das Gespräch seinen Anfang nimmt und Du merkst, dass sich die Gesprächspartner mit Deiner Person auseinandergesetzt haben. Sie kennen Deine Bewerbung und auch Deinen Lebenslauf. Die Gesprächspartner stellen keine allgemeinen Fragen, sondern sie stellen Fragen, die individuell an Deine Bewerbung angepasst sind. Wenn Dir ernsthafte Chancen gegeben sind, dann wird sich der

Personaler ausführlich mit Deinen Unterlagen auseinandergesetzt haben.

Auf die Körpersprache der Gesprächspartner darf geachtet werden. Kommt ein gelegentliches Kopfnicken, darf das positiv ausgelegt werden. Denn hierbei handelt es sich um eine Zustimmung. Wer nickt, gibt damit preis, dass er mit Dir einer Meinung ist und Deine Aussagen stimmig sind. Die Körpersprache verrät bereits vieles. Ist der Körper Dir zugewandt? Ja, dann ist das ein sehr gutes Zeichen und deutet auf Sympathie hin. Wenn Dir der Personaler zugewandt ist, kannst Du automatisch erkennen, dass er an Deiner Person Interesse zeigt. Auch der Augenkontakt bei dem Gespräch darf niemals unterschätzt werden. Sind alle Blicke gespannt auf Dich gerichtet und wird der Blickkontakt lange gehalten, darf das als positiv gedeutet werden. Kommt dazu noch ab und an ein freundliches Lächeln, ist das natürlich eine Bekundung der Sympathie.

Interessierte Fragen seitens der Gesprächspartner bleiben nicht aus. Dabei handelt es sich nicht um kritische Nachfragen, sondern um Fragen, die Interesse kundtun möchten, um herauszufinden, wie gut der Bewerber für den ausgeschriebenen Job tatsächlich geeignet ist.

Wenn das Vorstellungsgespräch über die gewohnte Zeit hinausgeht, dann ist das meistens ein gutes Zeichen. Denn Deine Gesprächspartner würden sich nicht die Zeit nehmen, wenn sie Dich bereits als nicht geeignet ansehen.

Wird beim Vorstellungsgespräch die Frage des Gehaltes aufgeworfen, ist dies meistens ein Hinweis darauf, dass Du es in die engere Auswahl geschafft hast. Denn die Gehaltsfrage wird nicht aufgeworfen, wenn Gesprächspartner der Meinung sind, dass Du für die offene Stelle weniger gut geeignet bist.

Wenn Du nach dem möglichen Eintritt gefragt wirst, dann steht die Ampel für Dich auf Grün. Nur wer ersthafte Chancen hat, der wird nach dem möglichen Eintrittstermin gefragt.

Macht man Dir das Angebot, das Arbeitsumfeld und die möglichen Kollegen näher kennenzulernen und will man Dir seitens der Firma einen kurzen Einblick bieten, so ist das ein Zeichen dafür, dass Dich der Personaler bereits als künftigen Arbeitnehmer im Unternehmen sieht. Wenn bereits vom Personaler der Kontakt zwischen möglichen Kollegen hergestellt wird, dann können die Chancen auf den Job als sehr gut beurteilt werden.

Auch der Abschied gibt viel über den Verlauf eines Vorstellungsgespräches preis. Kommt es zu einem verbindlichen Abschied, bei dem darauf eingegangen wird, wann man sich bei Dir meldet, ist dies ein gutes Zeichen.

Zeichen dafür, dass das Gespräch keinen so guten Verlauf nahm

Es ist von Bedeutung, dass Du auch diese Zeichen eindeutig wahrnehmen kannst; so kannst Du vielleicht noch gegensteuern und das Gespräch auf eine positive Ebene lenken. Denn auch diese Zeichen können gut wahrgenommen werden. Wenn Du Dir also keine falsche Hoffnung machen willst, nimm auch die Zeichen wahr, die auf keinen so guten Verlauf des Gespräches hindeuten.

Das erste Zeichen dafür könnte sein, dass die leichte Unterredung am Anfang des Gespräches ausbleibt. Der Small Talk wird kurzerhand weggelassen. Man fragt nicht nach Deinem Befinden. Es erkundigt sich niemand danach, ob Du eine gute Anreise hattest. Du wirst sofort in das Gespräch eingebunden, welches sich auf wesentliche Fakten konzentriert.

Der Blickkotank wird nur sehr selten und kurz hergestellt. Die Gesprächspartner sind viel mehr damit beschäftigt, in Deinen Bewerbungsunterlagen zu blättern. Daraus kannst Du bereits folgenden Schluss ziehen: Niemand hat sich mit Deiner Bewerbung auseinandergesetzt und das sollte nun auf die Schnelle nachgeholt werden. Wenn die Gesprächspartner schlecht vorbereitet in das Vorstellungsgespräch mit Dir starten, kann das ein Indiz dafür sein, dass Du nicht als die 1. Wahl angesehen wirst.

Das Interesse schwindet während des Gespräches immer mehr. Das kann ein klarer Hinweis darauf sein, dass dieser Bewerber für das Unternehmen nicht geeignet ist. Unterbrechungen seitens der Gesprächspartner deuten darauf hin, dass das Interesse schwindet. Folgende Aussage ist dabei typisch: „Können Sie bitte auf den Punkt kommen?" Diese Ungeduld bringt klar zum Ausdruck, dass die Gesprächspartner zu einem schnellen Ende kommen möchten.

In der Regel ist es so, dass die Aufmerksamkeit der Gesprächspartner nach der Selbstpräsentation der Bewerber sinkt.

Wenn Du das beobachten kannst, dann hake aktiv nach und gib klar zu verstehen, was an der Selbstpräsentation für sie am interessantesten war und auf welche Stelle Du näher eingehen solltest. Du fragst, ob Du zu einzelnen Punkten noch etwas anführen darfst. So kannst Du klar deuten, wo das Interesse Deiner Gesprächspartner verankert ist, und kannst speziell noch einmal darauf eingehen. So kann die Neugierde gut geschürt werden und Interesse tut sich auf.

Achte auch hierbei auf die Körpersprache. Läuft Dein Bewerbungsgespräch gut, neigt sich der Körper nach vorne. Man sucht die Nähe des Bewerbers. Läuft es weniger gut, lehnt sich der Körper zurück. So wendet sich der Gesprächspartner ein Stück weit vom Bewerber ab und geht damit auf Distanz. Ein weiter Hinweis der Körpersprache kann die verschränkte Körperhaltung sein. Wer seine Arme verschränkt, sendet damit folgendes Signal aus, das besagt: Ich zeige mich meinen Gesprächspartnern gegenüber sehr verschlossen und will mich nicht öffnen.

Folgt ein kritisches Nachfragen, welches auf Unverständnis hindeutet, kann das nicht als gutes Zeichen gewertet werden, gerade wenn das bei einem Vorstellungsgespräch mehrmals vorkommt. Darum ist es immer wichtig, klare Formulierungen zu benutzen und auf diese entsprechend souverän aufzubauen.

Wenn der Personaler anderer Meinung gegenüber seinem Bewerber ist, dann tut er das auch meist mit den entsprechenden Gestiken kund. Solche Gestiken können sein: das Kopfschütteln, eine abwinkende Handbewegung, das Hochziehen der Augenbrauen. So wollen die Gesprächspartner kundtun, dass sie anderer Meinung sind als der Bewerber.

Wenn einer der Gesprächspartner die Unterredung unterbricht, aufsteht und sich entschuldigt, weil sein Kalender noch einen Termin kundtut, ist das eindeutig, denn würde der Bewerber in die engere Wahl kommen, wäre das nicht der Fall. Man würde dem Bewerber die ganze Aufmerksamkeit und die volle Zeit, die dieses Vorstellungsgespräch in Anspruch nimmt, schenken.

Wenn der Bewerber nicht nach seinem Gehalt gefragt wird, ist das oft ein Indiz dafür, dass er aus dem Rennen ist und die Stelle anderweitig besetzt wird. Denn in der Regel wird am Ende eines jeden Vorstellungsgespräches die Frage aufgeworfen: „Wie ist Ihre Gehaltsvorstellung?"

Auch die Dauer des Gespräches weist indirekt darauf hin, ob es einen guten oder einen weniger guten Verlauf genommen hat. Wenn Dein Vorstellungsgespräch sehr kurz war und nicht einmal eine halbe Stunde in Anspruch genommen hat, musst Du Dich meist von der Idee verabschieden, dass Du für die ausgeschriebene Stelle infrage kommst. Darum darf das Gespräch ruhig länger dauern, sogar eine Stunde, denn dann bist Du auf dem richtigen Weg.

Gestaltet sich der Abschied ganz unverbindlich mit einem einfachen „Auf Wiedersehen", kann auch der passende Rückschluss daraus gezogen werden. Wenn bei der Verabschiedung die Formulierung „Sie hören von uns" vermisst wird, dann wird es in der Regel auch zu keinem Wiedersehen kommen. Es kann sein, dass Du einige dieser Zeichen bei Deinem Vorstellungsgespräch wahrnehmen kannst. Aber das muss noch lange nicht heißen, dass Du darum nicht die top Neubesetzung sein kannst. Erst wenn sich diese Zeichen wiederholen und sie vermehrt auftreten, dann sollten sie als negative Signale wahrgenommen werden.

Eine Dank-E-Mail nach dem Vorstellungsgespräch

Jetzt wirst Du Dir vielleicht die Frage stellen: Macht es überhaupt Sinn, eine solche E-Mail zu verfassen? Ja, das tut es! Denn nur wenige Bewerber nutzen diese Chance für sich. Wer sich also von der breiten Masse der Bewerber abheben möchte, der verfasst eine Dank-E-Mail nach dem Vorstellungsgespräch. Wer ein Mensch mit Arrangement ist, lässt die Chance nicht verstreichen und zeigt damit auf: Mir ist die Stelle wichtig und ich bin bereit, dafür mehr zu tun, als ich eigentlich muss.

Eine Dank-E-Mail, die nicht lange auf sich warten lässt

So gelingt es Dir, dass Du das Gespräch mit Dir noch einmal in Erinnerung rufst und stimmige Argumente aus dem Gespräch in die Mail einbaust. Wichtig ist beim Verfassen einer solchen Mail, dass Du schnell am Zug bist. Wer ein Vorstellungsgespräch hatte, kann am gleichen Tag noch eine Nachricht per Computer verschicken. Der frühe Abend eignet sich dafür sehr gut. Wichtig ist, dass ein halber Tag verstrichen ist und dann eine Mail folgt. Wer sich zu lange für sein Dank-E-Mail Zeit lässt, riskiert die Ansicht, dass der Bewerber zu den langsamen Menschen zählt.

Eine Dank-E-Mail, die an alle Beteiligten gerichtet ist

Diese Mail soll alle ansprechen, die an diesem Vorstellungsgespräch beteiligt waren. Natürlich wird die Person, an die die Mail gerichtet ist, als Erstes angesprochen, danach folgt die Ansprache in absteigender Hierarchie.

Wie sollte man eine solche Dank-E-Mail gestalten?

Erster Absatz: Du dankst für das interessante Gespräch und teilst mit, dass es Dir eine Freude war. Du darfst im ersten Absatz ein ehrlich gemeintes Kompliment einbauen. Bevor Du Dich hinsetzt, um eine Dank-E-Mail zu formulieren, frage Dich, was Dir an diesem Gespräch gefallen hat, und genau das darf sich im ersten Absatz wiederfinden. Jeder hört gerne Komplimente, also schreibe sie auf.

Zweiter Absatz: Im zweiten Absatz solltest Du kundtun, dass Dich das Vorstellungsgespräch bestärkt hat, Deine Leistungen in diesem Unternehmen einzubringen. Das es Dein Wunsch ist, hier mitzuwirken und mit Deiner Arbeit zu unterstützen.

Dritter Absatz: Dieser Absatz darf sich wiederum auf Deine Persönlichkeit beziehen. Hier dürfen wieder die Hard und Soft Skills zum Ausdruck gebracht werden, die gewinnbringend für das Unternehmen angesehen werden. Beim dritten Abschnitt der Dank-E-Mail ist es wichtig, noch einmal auf das Vorstellungsgespräch einzugehen, wo wichtige Infos noch einmal aufgegriffen werden.

Einen gelungenen Abschluss finden: Die positive Erwartung des Bewerbers darf hier noch einmal kundgetan werden. Folgende Worte können dafür gewählt werden: Gerne möchte ich auf unser vielversprechendes Gespräch aufbauen und mich auch in Ihrem Arbeitsalltag beweisen.

Nachbereitung zum Vorstellungsgespräch

Wer sich mit dem Thema Vorstellungsgespräch näher auseinandersetzt, der legt das Augenmerk auf die Vorbereitung, nicht auf die Nachbereitung. Aber auch die Nachbereitung bringt Sinn und sollte deshalb nicht außer Acht gelassen werden.

Ziehe selbst Dein eigenes Resümee

Darum rufe Dir das Vorstellungsgespräch noch einmal in das Gedächtnis. Was für ein Resümee darfst Du daraus ziehen? Was hat Dir gefallen? Was wiederum weniger? Dabei darfst Du den Blick von Dir als Bewerber wegbewegen und auch das Bild des

Unternehmens genauer durchleuchten. Was hat Dir an der Firma gefallen? Wie sind Deine Empfindungen, wenn Du an das Gespräch denkst? Zudem ist es wichtig, was Du über die ausgeschriebene Stelle erfahren hast. Alle diese Antworten dürfen den Anstoß dafür geben, dass Du Dir sagst: Ja, in dieser Firma möchte ich angestellt sein. Bist Du bereit, diesem Unternehmen einige Jahre des Lebens zu schenken oder vielleicht gar bis zur Pensionierung zu bleiben?

Auf in die nächste Runde

Es kann durchaus sein, dass Du zu einem zweiten Vorstellungsgespräch eingeladen wirst und die nächste Runde für Dich eröffnet wird. Auch darauf solltest Du Dich entsprechend so vorbereiten, dass Du auf alle Fragen die passenden Antworten findest.

Die Rückmeldung von Deiner Seite

Wenn nach dem Vorstellungsgespräch Funkstille herrscht – ab wann solltest Du die Eigeninitiative ergreifen und nachfragen? Ich würde Dir dazu raten, gleich bei dem Vorstellungsgespräch danach zu fragen, wann Du mit einer Rückmeldung rechnen kannst. So bist Du bereits darüber informiert, wie lange der Prozess der Entscheidungsfindung in Anspruch nimmt. Wenn diese Frage nicht gestellt wurde, ist es sinnvoll, 3 bis 4 Wochen verstreichen zu lassen. Wenn dann noch immer keine Rückmeldung erfolgt ist, kannst Du selbst tätig werden und Erkundigungen einholen.

Lieber ein kurzer Anruf oder eine E-Mail?

Wenn Du anrufst, um Dich höflich zu erkundigen, stelle Dich kurz vor und gehe auf die Stelle ein, für die Du Dich beworben hast. Wichtig ist auch, direkt den Personaler zu kontaktieren. Aber versuche immer Gelassenheit zu bewahren, denn gerade in einem Bewerbungsprozess kann es immer wieder zu Verzögerungen kommen und die gewünschte Antwort lässt länger als erwartet auf sich warten. Darum zügle Deine Ungeduld, denn große Neuigkeiten, ob im positiven oder im negativen Sinn, werden kommen. Aber gegen ein bedachtes Nachhaken gibt es nichts einzuwenden; es zeigt Souveränität und Engagement.

Die Einladung zum zweiten Vorstellungsgespräch folgt

Gratuliere! Aber welcher Sinn steckt hinter einem zweiten Vorstellungsgespräch? Zumal der Personaler bereits alles über Deine Persönlichkeit in Erfahrung bringen konnte. Wenn Du zum zweiten Gespräch geladen wirst, hast Du es bereits geschafft, von Dir zu überzeugen. Nun heißt es noch einmal für Dich, Dein Bestes zu geben.

Das zweite Vorstellungsgespräch dient dazu, Dich noch besser kennenzulernen. Vielleicht stoßen weitere Persönlichkeiten des Unternehmens dazu, um sich einen Eindruck über die Bewerber in der engeren Wahl zu machen. Auch Du hast die Möglichkeit, Deinen Einblick in das Unternehmen zu vertiefen.

- Das zweite Vorstellungsgespräch wird oft dafür genutzt, dass Du Dein Arbeitsgebiet, Dein Arbeitsumfeld und das kollegiale Team besser kennenlernst.

- Meist wird dann bereits ein informeller Austausch mit Deinem jeweiligen Vorgesetzten stattfinden.

- Gelegentlich wird auch ein Praxistest abgehalten, um herauszufinden, wie sich der Bewerber verhält und wie er mit der jeweiligen Situation im Arbeitsalltag umgeht.

- Viele Unternehmen bieten Bewerbern, die in die engere Wahl gekommen sind, einen Schnuppertag im Unternehmen an. So kann genau analysiert werden, wie Du Deine Arbeit verrichtest und ob Du die richtige Besetzung für diesen Job bist.

Egal, wie sich das zweite Vorstellungsgespräch auch gestalten wird, eines ist sicher: Du wirst auf neue Leute im Unternehmen treffen und Dein Firmenwissen erweitern können. Du lernst die Mentalität des Unternehmens auf jeden Fall besser kennen.

Damit Du Dich auf Dein zweites Vorstellungsgespräch gut vorbereiten kannst, macht es Sinn, beim ersten Vorstellungsgespräch danach zu fragen, ob es vielleicht ein Zweites gibt und welchen Ablauf ein solches haben wird. Aber die meisten Personaler weisen von selbst darauf hin, dass es ein zweites Gespräch geben kann.

Schlusswort

Ich hoffe, wir konnten Dir mit diesem Buch soviel Wissen mitgeben, dass Dein nächstes Vorstellungsgespräch zum Erfolg führt. Als kleines Dankeschön erhältst Du von uns ein kostenloses vorgefertigtes Notiz-Formular, was Du perfekt für dein Vorstellungsgespräch benutzen kannst. Besuche dazu bitte die Seite https://www.die-bewerbungsexperten.net
und folge den Anweisungen.

Haftungsausschluss

Der Inhalt dieses E-Books wurde mit großer Sorgfalt geprüft und erstellt. Für die Vollständigkeit, Richtigkeit und Aktualität der Inhalte kann jedoch keine Garantie oder Gewähr übernommen werden. Der Inhalt dieses E-Books repräsentiert die persönliche Erfahrung und Meinung des Autors und dient nur dem Unterhaltungszweck. Es wird keine juristische Verantwortung oder Haftung für Schäden übernommen, die durch kontraproduktive Ausübung oder durch Fehler des Lesers entstehen. Es kann auch keine Garantie für Erfolg übernommen werden. Der Autor übernimmt daher keine Verantwortung für das Nicht-Erreichen der im Buch beschriebenen Ziele. Dieses E-Book enthält Links zu anderen Webseiten. Auf den Inhalt dieser Webseiten haben wir keinen Einfluss. Deshalb kann auf diesen Inhalt auch kein Gewähr übernommen werden. Für die Inhalte der verlinkten Seiten ist daher der jeweilige Anbieter oder Betreiber der Seite verantwortlich. Rechtswidrige Inhalte konnten zum Zeitpunkt der Verlinkung nicht festgestellt werden.

Impressum

Dennis Walter
Koblenzer Straße 2
56759 Kaisersesch
dw312@web.de
1.Auflage 2018

42658525R00070

Printed in Poland
by Amazon Fulfillment
Poland Sp. z o.o., Wrocław